MANUEL DE BOUDDHISME ZEN

DU MÊME AUTEUR

Essai sur le bouddhisme zen, 3 tomes (Albin-Michel).

Aux Éditions Dervy-Livres

La voie des fleurs, par GUSTY L. HERRIGEL. Le zen dans l'art japonais des compositions florales, trad. par E. CABRE. Avant-propos du prof. D.T. SUZUKI.

Le zen dans l'art chevaleresque du tir à l'arc, par HERRIGEL. Préface du prof. D. T. SUZUKI.

Illustration de couverture :
Moines Zen. Illustration originale
(recueil de dessins variés, environ 1 750)

© by D.T. Suzuki, 1974
© RIDER AND COMPANY, Londres 1950
sous le titre MANUAL OF ZEN BUDDHISM
Translation © DERVY-LIVRES, Paris 1981
Pour tous les pays de langue française
ISBN 2-85076-137-0

Collection « Mystiques et Religions »

MANUEL DE BOUDDHISME ZEN

par Daisetz Teitaro SUZUKI
*professeur de philosophie bouddhique
de l'Université Otani de Kyoto*

Traduit de l'anglais
par Pierre DUPIN

DERVY-LIVRES
Allée des Frères-Montgolfier
77325 Croissy-Beaubourg

DANS LA MÊME COLLECTION

La doctrine du sacrifice, par Ananda K. Coomaraswamy. Textes réunis, traduits de l'anglais et présentés par Gérard Leconte.

Le temps et l'éternité, par Ananda K. Coomaraswamy. Trad. de l'anglais sur le manuscrit inédit de la 2ᵉ édition, avec avant-propos et notes, par Gérard Leconte.

L'ésotérisme comme principe et comme voie, par Frithjof Schuon.

Formes et substances dans les religions, par Frithjof Schuon. Essais.

L'œil du cœur, par Frithjof Schuon.

Le soufisme, voile et quintessence, par Frithjof Schuon.

Le yoga spirituel de saint François d'Assise, par François Chenique. Commentaire symbolique du Cantique des Créatures.

La perspective métaphysique, par Georges Vallin.

La Cosmogonie japonaise, par Jean Herbert.

Réflexions sur la Bhagavad-Gîta, vue dans son contexte, par Jean Herbert.

La voie des fleurs, par Gusty L. Herrigel. Le zen dans l'art japonais des compositions florales, trad. par E. Cabre. Avant-propos du prof. D.T. Suzuki avec 39 illustrations.

De l'homme universel, par 'Abd Ak-Karim Al-Jili. Traduit de l'arabe et commenté par Titus Burckhardt.

Propos sur René Guénon, par Jean Tourniac.

Lumière d'Orient, par Jean Tourniac.

La Doctrine bouddhique de la Terre Pure. Introduction à Trois Sûtra bouddhiques, par Jean Eracle.

Tao Te King, par Lao Tseu. Le livre du Tao et de sa vertu. Traduction suivie d'aperçus.

Le symbolisme hermétique, dans ses rapports avec l'alchimie et la Franc-Maçonnerie, par Oswald Wirth. Nouvelle édition.

La puissance du serpent, par Arthur Avalon (Sir John Woodroffe). Traduit par Charles Vachot. Préface de Jean Herbert. Vol. de 304 pages avec 4 tabl. dont 1 hors-texte et 8 illus. en couleur, hors texte.

Le maître inconnu Cagliostro, par le Dr Marc Haven. Nouvelle réédition. Étude historique et critique sur la Haute Magie. Vol. illus.

La Méditation dans le Bhagavata Purana, par Anand Nayak.

Ikebana Ohara, art floral japonais par Annick Gendrot.

Le livre des Morts des Anciens Egyptiens, préface Grégoire Kolpaktchy.

Introduction à l'ésotérisme chrétien, par l'abbé Stéphane.

La Méditation bouddhique, par J.-P. Schnetzler.

Le livre Tibétain des Morts, préface Lama Anagarika Govinda.

L'Aube du Tantra, par C. Trungpa et H. V. Guenther traduit de l'américain par Sylvie Carteron.

René Guénon, la contemplation métaphysique et l'expérience mystique, par Christophe Andruzac.

L'évangile ésotérique de saint Jean, 2ᵉ édition, par Paul Le Cour, notes et commentaires de Jacques d'Arès.

Avant-Propos

Daisetz Teitaro Suzuki, professeur de philosophie bouddhique à l'Université Otani de Kyoto, né en 1869, décédé en 1965, fut sans doute l'une des plus grandes figures du Bouddhisme Zen de son temps. Il a écrit une bonne douzaine d'ouvrages en anglais sur ce sujet. Quant à ce qui a été publié en japonais, nous ne sommes pas en mesure d'en évaluer l'importance. Il fut en tout cas l'un des premiers spécialistes d'extrême-orient à nous transmettre le Zen (Zen Buddhism, 1927).

Le Professeur Suzuki, au-delà de son immense culture et de ses connaissance approfondies des langues et des civilisations européennes, fut beaucoup plus qu'un érudit. Il a pratiqué le Zen au monastère de Enkaku-ji, à Kamakura, dans sa première jeunesse. C'est pourquoi il a été révéré toute sa vie dans tous les temples du Japon pour sa connaissance profonde du monde spirituel. Lorsqu'il décrit les états supérieurs de la conscience, il le fait comme un homme qui sait de quoi il parle et tous ceux qui l'ont approché ont pu sentir avec quelle totale compassion il cherchait à transmettre, au moyen de symboles intellectuels, un état de conscience qui se trouve bien au delà de l'intellect.

Après la seconde guerre mondiale, Christmas Humphreys, président fondateur de la Buddhist Society de Londres, ayant été au Japon, obtint les droits de publier en Angleterre tout ce qui pouvait l'être des récents écrits du professeur. L'entreprise s'étant révélée trop lourde pour la Buddhist Society seule, ce fut la maison Rider et Co. qui vient apporter ses énormes ressources à l'accomplissement du projet de Christmas Humphreys.

Nous présentons ici la traduction française de « Manual of Zen Buddhism. »

Préface de la première Edition (Kyoto 1935)

Mon « Introduction to Zen Buddhism », publiée en 1934, présentait une courte ébauche de l'enseignement du Zen. Avec le « Training of the Zen Monk », je me suis attaché à décrire la vie que l'on mène dans un centre de méditation (également en 1934). Comme troisième volet de ce triptyque je propose ce « Manuel de Bouddhisme Zen » (Manual of Zen Buddhism). On y trouvera un matériel littéraire varié, lié à la vie monacale. Les étudiants étrangers manifestent souvent le désir de savoir ce que les moines Zen peuvent bien lire devant le Bouddha au cours des cérémonies quotidiennes, ce qu'ils font de leurs moments de détente et quels sont les différents supports de leur culte. Cet ouvrage satisfera, je l'espère, leur curiosité. Ceux qui trouvent mes Essais sur le Zen trop volumineux ou trop complexes préféreront peut-être un travail plus ramassé ; celui-ci s'efforce de l'être.

D. T. Suzuki.
Kyoto
Aôut 1935

Chapitre I

GATHAS ET PRIERES

Gatha est un mot sanskrit qui signifie « poésie en vers » ou « hymne ». Dans la littérature bouddhique, on emploie ce terme lorsqu'il s'agit d'une partie de soutra rédigée en vers. Les érudits chinois ont adopté le mot « gatha » pour leurs compositions versifiées, connues sous le nom de *chieh,* abréviation de *chieh-t'o* ou de *chieh-sang* (combinaison de sanskrit et de chinois). Les gathas rassemblées ici n'appartiennent pas exclusivement à la secte zen ; quelques unes font partie du domaine du Bouddhisme en général.

I

OUVERTURE DU SOUTRA

Il est bien rare que nous soit donnée l'occasion de voir le Dharma incomparable dans sa profondeur et son infinie perfection — disposerions nous pour cela de centaines de milliers de millions de kalpas ;
Et voilà que nous pouvons maintenant le voir, l'entendre, lui donner notre assentiment et le garder en nous ;

Puissions nous comprendre parfaitement la signification des paroles du Tathagata !

II

Confession

Tous les actes mauvais par moi commis depuis l'origine des temps, causés par l'avidité, par la colère et la folie, qui sont sans commencement, et accomplis par mon corps, mes paroles et mes pensées,
Je les confesse maintenant sans restriction.

III

Le Triple Refuge

Je prends refuge dans le Bouddha ;
Je prends refuge dans le Dharma ;
Je prends refuge dans le Sangha —
Je prends refuge dans le Bouddha, le Très Honoré ;
Je prends refuge dans le Dharma, d'une pureté incomparable ;
Je prends refuse dans le Sangha où la vie est parfaitement harmonisée —
Je cesse maintenant de prendre refuge dans le Bouddha ;
Je cesse maintenant de prendre refuge dans le Dharma ;
Je cesse maintenant de prendre refuge dans le Sangha.

IV

Les Quatre Grands Vœux[1]

Aussi nombreux que soient les êtres de l'univers, Je forme le vœu de les sauver ;

---
1. Ces vœux sont récités après chaque service.

Aussi inépuisables que soient les passions, je forme le vœu de les éteindre toutes ;
Aussi infinis que soient des Dharmas, je forme le vœu de les maîtriser ;
Aussi incomparable soit la Vérité, je forme le vœu de parvenir jusqu'à elle.

V

Adoration au Corps Saint du Bouddha

Nous nous prosternons en toute humilité devant le Saint Corps représentant le corps de Sakyamouni, le Tathagata, parfaitement pénétré de toutes les vertus et qui a le Dharmakaya pour fond de son être et le Dharmadatu pour stoupa à lui dédié. Nous lui offrons notre profond respect en toute déférence. Se manifestant en une forme corporelle pour notre bienfait, le Bouddha entre en nous et nous fait entrer en lui. Sa puissance ajoutée à la nôtre, nous atteignons à l'Illumination ; et, dépendant des pouvoirs miraculeux du Bouddha, tous les êtres en bénéficient, éprouvent un ardent désir de l'Illumination, ils se disciplinent en suivant la vie du Bodhisattva et entrent également dans le parfaite quiétude où règne l'infinie sagesse de l'identité absolue. Nous nous prosternons devant lui.

VI

L'Enseignement des Sept Bouddhas

Ne pas commettre de mauvaises actions,
En accomplir de bonnes,
Et garder des pensées pures,
Tel est l'Enseignement de tous les Bouddhas.

VII

Gatha de l'Impermanence[2]

Toutes les choses composées sont impermanentes,
Et soumises à la naissance et à la mort ;
Mettez fin à la naissance et à la mort,
Et vous parviendrez à une tranquillité bienheureuse.

VIII

Soutra des Dix Clauses de Kwannon pour Prolonger la Vie[3]

Adoration à Kwanzeon !
Adoration au Bouddha !
Au Bouddha, nous sommes liés
En termes de cause et d'effet.
Dépendant du Bouddha, du Dharma et du Sangha,
(Le Nirvana peut se produire) ; il est éternel, bénédiction infinie, indépendant et dégagé des souillures.
Chaque matin, nos pensées sont pour Kwanzeon
Chaque soir, nos pensées sont pour Kwanzeon.
Chaque pensée émane du Mental,
Aucune pensée n'est séparé du Mental.

---

2. La deuxième partie de cette gatha a fait dire que le Bouddha avait voulu faire le sacrifice de sa vie. C'est pour cette raison qu'elle est aussi connue sous le nom de « Gatha du Sacrifice ».
3. Yemmei signifie « Prolonger la vie ». Lorsqu'on récite chaque jour ce petit texte en dix clauses appliquées à Kwannon, la santé est assurée parce qu'on fait le bien non seulement à soi-même mais aussi au monde entier.

GATHAS ET PRIÈRES

IX

Prière Avant de Nourrir les Esprits Affamés

Si l'on désire connaître les Bouddhas du passé, du présent et de l'avenir, il faut contempler la nature de ce Dharmadatu essentiellement comme la création du Mental Absolu.
Adoration aux Bouddhas des dix régions ;
Adoration au Dharma des dix régions ;
Adoration au Sangha des dix régions ;
Adoration au Bouddha Sakyamouni qui est notre maître ;
Adoration au Bodhisattva Kwanzeon, le Grand Compatissant, toujours disposé à sauver les êtres de leurs souffrances ;
Adoration à l'Arhat Ananda qui exposa l'Enseignement.
Namu sabo totogyato boryakite, yen !
Sammola sammola, un !
Namu suryoboya totogyatoya tojito, yen !
Suryo suryo boya suryo boya suryo, somoko !
Namu samanda motonan, ban[4] !
Adoration au Tathagata Hoshin[5] ;
Adoration au Tathagata Taho[6] ;

---

4. Il n'est pas facile de dire pourquoi cette dharani a été placée ici (voir au prochain chapitre ce qui est contenu dans une dharani). Comme la plupart des dharanis, celle-ci est dépourvue de sens au niveau de l'humain ; ce n'est pas nécessairement vrai au niveau des esprits affamés à qui la prière est adressée. Peut-on se risquer à restaurer ce texte en son sanskrit original comme suit ?
   Namah sarva-tathagatavalokite ! Om !
   Sambala, sambala ! hum !
   Namah surupaya tathagataya !
   Tadyatha,
   Om, suru(paya), surupaya, surupaya, suru(paya), svaha !
   Namah samantabuddhanam, vam !
Soyez adorés ! O tous les Tathagatas considérés (comme nos protecteurs) ;
Om ! famille, famille ! Hum ! Adoration au Tathagata, beau à contempler !
Om ! à celui qui est beau à contempler ! A celui qui est beau à contempler !
Hail ! Que tous les Bouddhas soient adorés ! Vam ! ».
5. Joyau Incomparable (ratnaketu).
6. Joyau Innombrable (prabhutaratna).

Adoration au Tathagata Myoshishin[7] ;
Adoration au Tathagata Kohashin[8] ;
Adoration au Tathagata Rifui[9] ;
Adoration au Tathagata Kanroo[10] ;
Adoration au Tathagata Omito[11] ;
Namu omitoboya totogyatoya,
Toniyato,
Omiritsubomi,
Omirito,
Shitabomi,
Omirito bigyaratei,
Omirito bigyarato gyamini,
Gyagyano shitogyari,
Somoko[12].

Par le pouvoir surnaturel de cette Dharani, la nourriture et la boisson sont purifiées et nous les offrons à des êtres spirituels aussi nombreux que les grains de sable du Gange. Nous prions afin qu'ils se trouvent pleinement satisfaits et pour qu'ils abandonnent leur avidité ; pour qu'ils quittent tous leurs séjours obscurs et renaissent dans des régions bénies de l'existence ; enfin, pour que, prenant refuge dans le Triple Joyau, ils éprouvent le désir de l'Illumination Suprême et parviennent à la réaliser. Le mérite qu'ils obtiendront ainsi sera inépuisable et se poursuivra jusqu'à la fin des temps, permettant à tous les êtres de partager également cette nourriture du Dharma.

O, à vous, hôtes des êtres spirituels, nous vous offrons à tous cette nourriture qui, selon notre prière, va remplir les dix

---

7. Corps qui a une belle forme (surupakaya).
8. Corps de belles dimensions (vipulakaya).
9. Dépourvu de crainte (abhayankara).
10. Roi de l'Ambroisie (amritaraja).
11. Amida (amitabha).
12. Namo 'mitabhaya tathagatya ! Tadyatha, amritodbhave, amritasiddhe, ?-bhave, amritavikrante, amrita-vikranta-gamine, gaganakirtikare ! Saha ! Adoré soit le Tathagata de Lumière Infinie (Amitabha). O ! celui qui procure l'ambroisie ! (trois fois). O !, celui qui répand l'ambroisie dans l'univers entier ! O ! celui qui révèle l'ambroisie dans l'univers entier ! O ! celui qui révèle l'ambroisie aussi largement que l'espace ! Hail !

régions et que tous les êtres de votre nature partageront également.

Grâce à cette action méritoire, nous prions afin de pouvoir rendre à nos parents ce que nous leur devons, eux qui ont fait tout ce qui était en leur pouvoir pour nous. Que ceux qui sont encore de ce monde continuent à profiter de leurs vies heureuses et prospères et que ceux qui nous ont quitté soient délivrés de leurs souffrances et qu'ils renaissent au pays de félicité.

Nous prions pour que tous les êtres sensibles du triple monde bénficiant du quadruple don, ainsi que ceux qui souffrent dans les trois régions du mal et sont soumis aux tourments des huit sortes de calamités — se repentent de tous leurs pêchés et puissent ainsi être lavés de tous leurs maux afin d'être libérés du cycle de la transmigration et naître au pays pur.

Nous prions tous les Bouddhas, tous les Bodhisttva-Mahasattvas des dix régions, du passé, du présent et de l'avenir, et la Maha-prajna-paramita, pour que, par l'effet de ce mérite universellement répandu, non seulement nous-mêmes mais aussi tous les êtres atteignent également la Bouddhéité.

X

PRIÈRE GÉNÉRALE[13]

Par les Bhikshus (moines) ici présents
La formule mystique du Surangama vient d'être récitée ;
Elle est maintenant dédiée à tous les Nagas et Devas protecteurs du Dharma,
Ainsi qu'à toutes les saintes assemblées d'êtres spirituels, gardiens de ce monastère et de la région.
Puissent tous ceux qui souffrent dans les trois sentiers du mal des huit sortes de calamités être libérés de leurs douleurs !

---

13. Cette prière doit être lue, comme on peut le voir à la lecture du texte, après la récitation de la dharani Surangama.

Puissent tous ceux du triple monde qui bénéficient du quadruple don participer au mérite !
Puisse ce bien-être continuer en une paisible prospérité et tous les actes de violence disparaître !
Puisse le vent souffler au bon moment, la pluie tomber à la bonne saison et les gens vivre heureux !
Puisse la congrégation entière être attachée aux plus hautes aspirations pour sauter par dessus les dix étapes et ceci sans trop de difficultés !
Puisse ce monastère poursuivre sa vie tranquille, sans perturbations
Puissent également les protecteurs et les dévots voir s'accroître non seulement leur foi mais également leur sagesse et leur félicité.
Telle est notre prière adressée à tous les Bouddhas et tous les Bodhisattva-Mahasattvas des dix régions, du passé, du présent et de l'avenir et adressée à la Mahaprajna-paramita !

XI

Prière de la Cloche

Que le son de la cloche résonne au-delà de la terre,
Et que l'entendent tous les habitants de l'obscurité aux abords des Montagnes de Fer (cakravala) !
Que leur audition s'étant parfaitement purifiée, les êtres parviennent à une fusion totale de tous les sens,
Pour que chacun d'entre eux puisse enfin arriver à la réalisation de l'illumination suprême ![14]

---

14. Il est d'usage dans les monastères zen de réciter le Kwannongyo pendant que résonne la grande cloche, ce qui se produit trois fois par jour. Cette Gatha est chantée après la cloche. Comme on le verra plus loin, Kwannon émet un son perçu par ceux qui croient sincèrement en son pouvoir de les libérer de toute espèce de calamité. Chaque note émise par la cloche est la voix de Kwannon nous invitant à purifier notre audition, ce qui produira en nous une expérience spirituelle appelée « fusion des sens ». Voir plus loin ce qui concerne le Ryogonkyo et le Kwannongyo.

Chapitre II

LES DHARANIS

A dire vrai, les Dharanis n'ont pas de place dans le Zen. Le fait qu'elles se soient néanmoins glissées dans les offices quotidiens du zen est dû au caractère général du Bouddhisme chinois de la période Song, époque où les maîtres zen japonais visitaient la Chine et en ramenèrent ce qu'ils y avaient trouvé tel quel, mêlé d'éléments Shingon du zen chinois. En Chine, le Shingon ne fit pas long feu ; néanmoins, il laissa ses empreintes sur le zen.

Le mot Dharani provient de la racine sanskrite dhr « porter, transmettre ». Le chinois le traduit ordinairement par « tsung-ch'ih », manche, poignée, ou par « neng-ch'ih », ce qui tient. Une dharani est sensée contenir un pouvoir magique ou une signification profonde. Lorsqu'elle est chantée, les esprits mauvais, toujours prêts à entraver l'effet spirituel d'un rite, sont éloignés.

Dans les pages qui suivent, le lecteur prendra connaissance des trois dharanis les plus récitées. Leur traduction n'est pas intelligible. Car elles consistent surtout en invocations et en exclamations. Invocations pour attirer des pourvoirs élevés, exclamations destinées à effrayer et à chasser les mauvais esprits. Il est bien évident que les résultats pratiques de ces récitations ne doivent pas être jugés sur le plan objectif.

I

Dharani pour écarter les Calamités

Adoration à tous les Bouddhas !
Adoration à la Doctrine sans obstructions !
Ainsi : Om ! Khya Khya Khyahi Khyahi (parle, parle) !
Hum hum !
Jvala jvala prajvala prajvala (embrase-toi, embrase-toi) !
Tistha tistha (debout debout) !
Stri stri (étoile, étoile) !
Sphata (éclate, éclate) ! Celui qui est en repos ! Au glorieux, hail !

II

Dharani du Grand Compatissant

Adoration au Triple Joyau !
Adoration à Avalokitesvara, le Bodhisattva-Mahasattva qui est le Grand Compatissant !
Om ! A celui qui saute par dessus toutes les craintes !
L'ayant adoré, puissé-je entrer dans le cœur du Bodhisattva dont le cou est bleu et connu comme le noble et adorable Avalokitesvara ! Cela implique l'achèvement de toute signification, cela est pur, c'est cela qui donne la victoire à tous les êtres et purifie la voie de l'existence.
Ainsi :
Om, ô voyant, transcendant le monde !
O Hari, le Grand Bodhisattva !
Tout, tout !
Souillure, souillure !
La terre, la terre !
C'est le cœur !
Accomplis, accomplis le travail !

Tiens bon, tiens bon !
O Grand Vainqueur !
Persévère, persévère !
Je persévère.
A Indra, le créateur !
Avance, avance, mon sceau délivré des souillures !
Viens, viens !
Écoute, écoute !
Une joie s'élève en moi !
Parle, parle, Donne tes ordres !
Hulu, hulu, mala, hulu, hulu, hile !
Sara, sara ! siri, siri ! suru, suru !
Éveille toi, éveille toi !
Reste éveillé, reste éveillé !
O, ami de merci, au cou bleu !
Des audacieux aux joyeux, hail !
A celui qui est parvenu à la maîtrise de la discipline, hail !
A celui dont le cou est bleu, hail !
A celui qui a la face d'un sanglier, hail !
A celui qui a la tête d'un lion, hail !
A celui qui tient une arme, hail !
A celui qui tient une roue, hail !
A celui qui tient un lotus, hail !
A celui dont le cou est bleu et qui agit de loin, hail !
A celui évoqué dans cette dharani qui commence par le mot
« Salut ! »,
A toi, hail !
Adoration au Triple Joyau !
Adoration à Avalokitesvara !
Hail !
Puissent ces prières être exaucées !
A cette formule magique, hail !

III

Dharani de la Victorieuse
Couronne de Bouddha

Adoration au Bienheureux qui est le meilleur des meilleurs dans le Triple Monde !

Adoration au Tout Illuminé, au Bienheureux !
Om ! Purifie-nous, purifie-nous ! O toi qui es toujours impartial, qui, doué d'une lumière omnipénétrante, es dans ta nature profonde la pureté même, libéré de l'obscurité des cinq domaines de l'existence !
Baptise nous, O Sugata, d'un baptême immortel, celui des mots les meilleurs et des phrases les plus vraies !
Écarte les calamités, écarte les calamités, O toi qui détiens la vie éternelle !
Purifie nous, purifie nous, toi qui es pur comme le ciel !
Pur comme la Victorieuse Couronne du Bouddha !
Auréolé d'un millier de rayons de lumière !
De tous les Tathagatas veillant sur le monde entier !
Le plus parfait pratiquant des six Paramitas !
Tenant le grand sceau imprégné du pouvoir spirituel qui émane du cœur de chaque Tathagata !
O, toi au corps aussi dur et pur qu'un diamant !
Toi qui es d'une pureté sans souillure, sans peurs et sans mal !
Détourne nous du mal, toi qui vis dans la pureté !
Toi qui nous donnes la force du pacte originel !
O, Joyau, joyau, grand joyau. O, toi qui es la réalité foncière et la pureté absolue !
O, toi, si pur dans ton illumination achevée !
Sois vainqueur, sois vainqueur, sois éternellement vainqueur, sois éternellement vainqueur !
Souviens toi, souviens toi !
O, être pur, délégué de tous les Bouddhas !
O, Vajragarbha qui tiens le Sceptre-Diamant !
Que mon corps soit comme ce Sceptre-Diamant, que les corps de tous les êtres soient aussi comme ce Sceptre-Diamant !
O, toi au corps d'une pureté absolue !
O, toi absolument pur de tous les chemins de l'existence !
Et puissé-je être consolé par tous les Tathagatas !
O, toi, doué du pouvoir de consolation de tous les Tathagatas, Sois illuminé, sois illuminé, éternellement illuminé, sois éternellement illuminé !
Fais qu'ils soient illuminés, qu'ils soient illuminés, qu'ils soient à jamais illuminés, qu'ils soient à jamais illuminés !
O, toi qui es le plus pur, le plus absolument pur !

LES DHARANIS

O, toi qui détiens le grand sceau imprégné du pouvoir spirituel émanant du cœur de chaque Tathagata !

Hail

Chapitre III

LES SOUTRAS

Les Soutras les plus lus par les zénistes sont le Shingyo (Prajnaparamitahridaya), le Kwannongyo (Samantamukhaparivarta) et le Kongokyo (Vajracchedika). Comme le Shingyo est le plus court, il est chanté à presque toutes les occasions. Le Ryoga (Lankavatara) est historiquement important mais comme il est d'une compréhension difficile les adeptes du zen de notre époque s'en préoccupent assez peu. Pour plus ample information, on pourra se reporter aux ouvrages de l'auteur spécialement consacrés à ce soutra. Le Ryogon (Surangama) est plus apprécié que le Ryoga. Il est plein de pensées profondes et les chinois l'ont étudié beaucoup plus que les Japonais. Il y a encore d'autres soutras dans l'école mahayaniste dont les étudiants du zen feront bien de prendre connaissance : le Kongosammaiko (Vajrasamadhi), le Yengakukyo (soutra de l'Illumination Parfaite), le Yuimakyo (soutra de Vimalakirti), et le Hannyakyo (Prajnaparamita). Aucun de ces soutras n'a été traduit en anglais excepté le Yuima, difficile à trouver actuellement.

Note du traducteur : depuis 1962, il existe une excellente traduction française de ce soutra par Étienne Lamotte, effectuée d'après une version tibétaine et la version chinoise de Hiuan-tsang, traduction publiée par l'Université de Louvain, Belgique.

I

TRADUCTION DU SHINGYO
(PRAJNAPARAMITAHRIDAYA)

Lorsque[1]* le Bodhisattva Avalokitesvara se mit à pratiquer la profonde Prajnaparamita, il eut la perception de cinq skandhas[2] ; et il vit que, en leur nature propre, il étaient vides[3].

« O, Saripoutra, ici, la forme est le vide[4], le vide est la forme ; la forme n'est pas différente du vide, le vide n'est pas différent de la forme ; ce qui a une forme est vide, ce qui est vide a une forme. On peut en dire autant des sensations, de la pensée, des formations mentales et de la conscience.

O, Saripoutra, toutes choses ici-bas ont le caractère du vide : elles ne sont pas nées, elles ne sont pas détruites ; elles ne sont pas souillées, elles ne sont pas immaculées, elle ne croissent pas, elles ne décroissent pas. Par conséquent, Saripoutra, dans le vide, il n'y a ni formes, ni sensations, ni pensée ni formations mentales, pas de conscience, pas d'œil[5], pas d'oreille, pas de nez, pas de langue, pas de corps, pas de mental ; pas de formes[6], pas de sons, pas de couleurs, pas de goût, de toucher, d'objets ; pas de Dhatu de vision[7] jusqu'à ce que nous parvenions[8] au Dhatu de conscience élément de conscience ; il n'y a pas de connaissance, pas d'ignorance[9], pas de vieillesse, pas de mort, pas d'extinction de la vieillesse et de la mort ; il n'y a pas de souffrance[10], pas d'accumulation ni d'annihilation, pas de voie ; pas de savoir, pas d'acquisition et pas de réalisation[1] parce qu'il n'y a pas d'acquisition. Dans le mental du Bodhisattva qui demeure dans la Prajnaparamita, il n'y a pas d'obstacles[2] : et, se dégageant des vues fausses, il atteint le Nirvana final. Tous les Bouddhas du passé, du présent et de l'avenir, s'appuyant sur la Prajnaparamita, parviennent à la plus haute et à la plus parfaite illumination.

---

1. Nabhisamayah manque dans les traductions chinoises ainsi que dans le manuscrit de Horyuji.
2. Le chinois traduit « varana » par « obstacle » et cela correspond tout à fait à la doctrine de la Prajnaparamita. La traduction de Max Muller « enveloppe » n'est pas bonne.

Il faut donc savoir que le Prajnaparamita est le grand Mantra, le Mantra de la Grande Sagesse, le Mantra Suprême, le Mantra sans égal, capable d'apaiser toutes les douleurs ; il est la vérité excluant tout ce qui est faux. Voici le Mantra, proclamé dans la Prajnaparamita :

« *Gate, gate, paragate, parasamgate, bodhi, svaha !* »
(O, Bodhi, parti, parti, parti vers l'autre rive, parvenu à l'autre rive, Svaha ! »)

NOTES DU SHINGYO

(1) Il y a deux textes portant le titre de Hridaya : l'un est le Soutra Cœur court, l'autre le Soutra Cœur long (Hridaya signifie Cœur, mais avec une signification plus complexe que celle du mot européen. Cœur et Mental, en Asie, sont plus liés qu'en occident. N. du T.). La traduction que nous donnons ici est celle du Soutra court, plus souvent utilisé au Japon et en Chine.

Le commencement du texte long en sanskrit et en tibétain manque dans le texte court. Le voici : le texte tibétain ajoute à ce passage :
« Adoration à la Prajnaparamita qui est au-delà des mots, de la pensée, de la louange, dont la nature propre n'est, comme celle de l'espace, ni créée ni détruite, état de sagesse et de moralité évident à notre conscience intérieure et qui est la mère de tous les Excellents Êtres du passé, du présent et de l'avenir. » Ainsi ai-je entendu. A ce moment, le Bienheureux résidait à Rajagriha, sur le Mont des Vautours, entouré d'un grand nombre de Bhikshus (moines) et de Bodhisattvas. Le Bienheureux était absorbé en méditation (samadhi) connue sous le nom d'Illumination Profonde. Au même moment, le Grand Bodhisattva Aryavalokitesvara était lui-même en train de pratiquer la profonde Prajnaparamita. »

Voici le passage final, qui n'a pas non plus sa place dans le texte court :
« O, Saripoutra, c'est ainsi que le Bodhisattva devrait s'entraîner à la profonde Prajnaparamita. A ce moment, le Bienheureux sortit de son samadhi pour approuver le grand Bodhisattva Aryavalokitesvara et lui dit : « Bien dit, bien dit, noble fils ! Il en est bien ainsi ! C'est bien ainsi que doit se pratiquer la Profonde Prajnaparamita. Ce que tu viens de prêcher, les Tathagatas et les Arhats y applaudissent sans réserves.'' C'est ainsi que parla le Bienheureux, le cœur plein de joie. Le Vénérable Saripoutra et le grand Bodhisattva Aryavalokitésvara avec toute l'assemblée et le monde de dieux, des hommes, des asouras et des Gandharvas, tous louèrent les paroles du Bienheureux. »

(2) Du point de vue scientifique moderne, le concept de Skandha apparaît comme une notion vague et mal définie. Mais, il ne faut pas oublier que le principe bouddhiste d'analyse ne provient pas du simple intérêt scientifique ; il vise à nous dégager de l'idée de réalité individuelle ultime dont nous nous figurons qu'elle existe telle quelle pour l'éternité du temps à venir. Car, lorsque cette idée est admise et considérée comme indiscutable, survient l'erreur de l'attachement et c'est cet attachement même qui nous soumet définitivement à l'esclavage et à la tyrannie des objets extérieurs. Les cinq Skandhas (aggrégats ou éléments) sont : la forme (rupam), la sensation ou perception sensorielle (vedana), la pensée (samjna), les confections ou formations mentales (samskara) et la conscience (vijnana). Le premier Skandha représente le monde matériel ou l'aspect matériel des choses et les quatre autres Skandhas se placent au niveau du mental. Vedana s'applique à tout ce que nos sens nous transmettent. Samjna correspond à la pensée dans le sens le plus large ou à ce qui est élaboré par le mental. Samskara est un terme difficile qui n'a pas d'équivalant dans nos langues européennes ; il représente une chose qui donne forme ; c'est un principe formatif qui crée des formes. Vijnana est la conscience ou opération du mental. Il y a six espèces d'opérations mentales correspondant à la vue, à l'audition, à l'odorat, au goût, au toucher et à la pensée.

(3) La traduction de Hsuan-Chuang (Hiuan-Tsong) ajoute : « et il fut libéré de toute souffrance et de toute douleur ».

(4) Vide (sunya) ou le Vide (sunyata) est une des notions les plus importantes de la philosophie mahayaniste ; c'est également un concept extrêmement difficile à saisir pour les non-bouddhistes. Le Vide ne signifie ni « relativité » ni « phénoménalité » ni « Rien ». C'est plutôt l'Absolu ou quelque chose de transcendantal, bien que cette interprétation soit aussi, ainsi que nous le verrons plus loin, trompeuse. Quand les Bouddhistes déclarent que toutes les choses sont vides, ils ne se font pas les avocats d'une cause nihiliste ; ils cherchent, au contraire, à cerner une réalité ultime qu'il est impossible de placer dans les catégories de la logique. Pour eux, poser le conditionnement de toutes choses revient à révéler l'existence d'un inconditionné transcendant à toute forme de détermination. Il sera donc souvent plus judicieux de traduire Sunyata (le Vide) par Absolu. Lorsque le Soutra dit que les cinq Skandhas ont le caractère du Vide ou que, dans le Vide, il n'y a ni création ni destruction, ni souillure ni pureté, etc., cela signifie que l'on ne peut pas attribuer de qualités restreignantes à l'Absolu ; alors qu'il est immanent à tout le concret et au particulier, en soi, il n'est pas définissable. La négation universelle dans la philosophie de Prajna, est donc l'aboutissement inévitable.

(5) Pas d'œil ; pas d'oreille, etc., s'appliquent aux six sens. Dans la

philosophie bouddhiste, le mental (manovijnana) est l'organe des sens spécialement réservé à l'appréhension du Dharma ou d'objets conceptuels.
(6) Pas de forme, pas de son, etc. : ce sont les six qualités du monde extérieur qui deviennent les objets des six sens.
(7) « Dhatu de la vision », etc., se rapporte aux dix-huit dhatus ou éléments d'existence qui comprennent les six sens (indriya), les six qualités (vishaya) et les six consciences (vijnana).
(8) « Jusqu'à ce que nous parvenions à... » (yâvat en sanskrit et mai chih en chinois) se rencontre très souvent dans la littérature bouddhique pour éviter la répétition de sujets bien connus. Ces classifications peuvent sembler quelque peu déconcertantes et se répéter inutilement.
(9) « Pas de connaissance, pas d'ignorance », etc., est une négation complète de la Chaîne de Causation à Douze Éléments (pratiyasamutpada) ; ces éléments sont l'ignorance (avidya), le nom et la forme (nama rupa), les six organes des sens (sadayatana), le contact (sparsa), la perception sensorielle (vedana), le désir (trishna), l'attachement (upadana), l'être en devenir (bhava), la naissance (jati), la vieillesse et la mort (jaramarana). Cette dodécuple Chaîne a été l'objet de discussions innombrables parmi les savants bouddhistes.
(10) Cette allusion se réfère bien entendu à la Quadruple Noble Vérité (satya) : 1) la vie est souffrance (duhkha), 2) cela provient de l'accumulation (samudaya) de mauvais karma, 3) la cause de la souffrance peut être supprimée (nirodha), 4) et, pour cela, il y a le Chemin (marga).

II

LE SOUTRA DE KWANNON[3]

Un jour, Mujinni Bosatsu (le Bodhisattva Mujinni)[4] se leva de son siège et, découvrant son épaule droite, il se tourna vers le Bouddha, les mains jointes et dit : « Bienheureux, pour quelle raison Kwanzeon Bosatsu est-il appelé de ce nom ?

Le Bouddha répondit à Mujinni Bosatsu : « Mon bon Mujinni, lorsque les êtres innombrables de l'univers (par centaines de milliers de myriades de kotis), souffrant de toutes les manières imaginables, entendront parler de ce Kwanzeon Bosatsu, ils prononceront son nom en toute sincérité du cœur ; et aussitôt, ils entendront sa voix et seront délivrés.

Ainsi, si l'on tombe dans un feu violent, il suffit de prononcer le nom de Kwanzeon Bosatsu pour que le feu vous épargne grâce au pouvoir spirituel de ce Bosatsu (bodhisattva). Si l'on est roulé dans les vagues, l'évocation de son nom vous entraîne dans un endroit plus paisible.

Lorsque des centaines de milliers de myriades de kotis de gens se risquent sur le grand océan à la chasse aux trésors dans l'espoir de trouver de l'or, de l'argent, du lapis lazuli, des conques, de la cornaline, du corail, de l'ambre, des perles et d'autres pierres précieuses, ils vont au devant de terribles

---

3. Ce soutra a pour titre japonais : Kwannon-gyo et pour titre chinois Kuan-yin. Il se place au vingt-cinquième chapitre de la traduction de Kumarajiva du Lotus de la Bonne Loi (Saddharma-pundarika). Son titre sanskrit est Samanthamukha Parivarta. C'est l'un des soutras les plus populaires au Japon, particulièrement parmi les adeptes de la Voie Sainte et parmi les adeptes du Zen, du Tendai, du Shingon, de la secte de Nichiren etc.

Le nom sanskrit de Kwannon semble avoir été à l'origine, selon certains spécialistes japonais, Avalokitasvara et non Avalokitesvara. S'il en est bien ainsi, Kwannon est une traduction plus littérale que Kwanzeon (Kuan-shih-yin) ou Kwanjizai (Kuan-tzu-tsai). Le Bodhisattva Avalokitasvara est « celui qui a une voix *vue* ou entendue ». Il émet une voix diversement entendue et interprétée par les êtres et c'est en entendant cette voix que les êtres sont libérés des malheurs dont ils sont accablés. La traduction présentée ici est celle du texte chinois de Kumarajiva. Les noms propres sont en japonais.

4. En sanskrit, le Bodhisattva Akshayamati, ou bodhisattva à l'intelligence infinie.

naufrages et il pourrait bien leur arriver d'être jetés sur l'île des Rakshasas ; or, s'il se trouve parmi eux une seule personne qui prononce le nom de Kwanzeon Bosatsu, tous seront sauvés du désastre qui ne manquerait pas de leur échoir une fois tombés aux mains des Rakshasas. C'est pour cela que le Bosatsu est appelé Kwanzeon.

De même, si un homme est sur le point de recevoir une blessure grave, il lui suffira de prononcer le nom de Kwanzeon Bosatsu pour que l'épée ou le bâton menaçant sa vie éclatent en morceaux et qu'il soit libéré.

Lorsque les Yakshas et les Rakshasas des trois mille chiliocosmes viennent tourmenter un homme, s'ils l'entendent prononcer le nom de Kwanzeon Bosatsu, pas un de ces esprits mauvais n'osera regarder cet homme de ses yeux méchants, encore moins le maltraiter.

Coupable ou innocent, celui qui se trouverait retenu dans des chaînes ou des menottes et qui prononcerait le nom de Kwanzeon Bosatsu, verrait ses entraves voler en éclats et serait délivré.

Dans les trois mille chiliocosmes remplis d'ennemis, un marchand et sa caravanne chargés de trésors sans prix peuvent voyager au milieu de zones dangereuses. Il suffit que l'un des voyageurs dise aux autres : « Braves, n'ayez pas peur ! avec une pensée sincère, prononcez le nom de Kwanzeon Bosatsu. Comme ce bosatsu nous rend intrépides, prononcez son nom et vous serez délivrés de vos ennemis. » A ces mots, toute la compagnie se mit à réciter le nom du bosatsu : « Que le Bosatsu Kwanzeon soit adoré ! » Grâce à cette récitation du nom du bosatsu, ils seront libérés. O, Mujinni, tel est l'impressionnant pouvoir spirituel de Kwanzeon Bosatsu.

A ceux qui sont possédés par une convoitise excessive, dites leur de toujours penser avec respect à Kwanzeon Bosatsu et ils seront libérés de leur avidité. A ceux qui sont habités par de violentes colères, conseillez de toujours penser avec respect à Kwanzeon Bosatsu et ils seront libérés de leurs colères. A ceux qui sont possédés par la folie, faites les penser avec respect à Kwanzeon Bosatsu et ils seront libérés de leur folie. O, Mujinni, telle est la grandeur de son pouvoir spirituel, tout empli de bénédictions. Que tous les êtres pensent constamment à lui.

Si une femme désire un enfant mâle, qu'elle adore Kwanzeon Bosatsu et qu'elle lui fasse des offrandes. Elle aura un enfant mâle tout empreint de félicité et de sagesse. Si elle désire une fille, elle aura une enfant d'une grande beauté et munie de tous les caractères de noblesse, et, parce qu'elle aura préparé les conditions du mérite, l'enfant sera aimée et respectée de tous. O, Mujinni, tel est le pouvoir de Kwanzeon Bosatsu.

Si tous les êtres adorent Kwanzeon Bosatsu et lui apportent des offrandes, ils en tireront infailliblement des bénéfices. Que tous les êtres retiennent donc le nom de Kwanzeon Bosatsu. O, Mujinni, si quelqu'un énumère les noms de tous les Bodhisattvas, autant de Bodhisattvas soixante deux billions de fois les grains de sable du Gange, en leur faisant des offrandes d'aliments et de boissons, de vêtements, de literie et de médicaments — ceci jusqu'à la fin de son existence — qu'en penses-tu ? Cet adepte n'accumule-t-il pas ainsi un très grand mérite ?

Mujinni dit : « Très grand, en effet, Bienheureux. »

Le Bouddha dit : « Imagine maintenant un autre homme. Si celui-ci retient le nom de Kwanzeon Bosatsu, ne serait ce qu'un moment, et lui porte des offrandes, son mérite sera parfaitement égal à celui que j'ai cité précédemment et ne viendra jamais à épuisement, même après cent mille myriades de kotis de kalpas. Tel est l'incommensurable quantité de mérite et de félicité obtenue par ceux qui révèrent le nom de Kwanzeon Bosatsu.

Mujinni Bosatsu dit au Bouddha : « Bienheureux, comment Kwanzeon Bosatsu fait-il pour visiter ce monde de Saha[5] ? Comment prêche-t-il le Dharma à tous les êtres ? Quelle est l'étendue de son habileté dans les moyens ? »

Le Bouddha dit à Mujinni Bosatsu : « Mon bon Mujinni, s'il se trouve quelque part des êtres qu'il doive sauver en empruntant la forme d'un Bouddha, Kwanzeon Bosatsu se manifeste sous la forme d'un Bouddha et il leur prêche le Dharma.

S'il doit sauver d'autres êtres en empruntant la forme d'un

---

5. Sahaloka, monde de patience.

Pratyekaboudha le Bosatsu se manifeste sous la forme d'un Pratyekabouddha et il leur prêche le Dharma.

S'il doit sauver d'autres êtres en empruntant la forme d'un Sravaka, le Bosatsu se manifeste sous la forme d'un Sravaka et il leur prêche le Dharma.

S'il doit sauver d'autres êtres en empruntant la forme de Brahma, le Bosatsu se manifeste sous la forme de Brahma et il leur prêche de Dharma.

S'il doit sauver d'autres êtres en empruntant la forme de Sakrendra, le Bosatsu se manifeste sous la forme de Sakrendra et il leur prêche le Dharma.

S'il doit sauver d'autres êtres en empruntant la forme de Isvara, le Bosatsu se manifeste sous la forme de Isvara et il leur prêche le Dharma.

S'il doit sauver d'autres êtres en empruntant la forme de Mahesvara, le Bosatsu se manifeste sous la forme de Mahesvara et il leur prêche le Dharma.

S'il doit sauver d'autres êtres en empruntant la forme d'un Chakravartin, le Bosatsu se manifeste sous la forme d'un Chakravartin et il leur prêche le Dharma.

S'il doit sauver d'autre êtres en empruntant la forme de Vaisravana, le Bosatsu se manifeste sous la forme de Vaisravana et il leur prêche le Dharma.

S'il doit sauver d'autre êtres en empruntant la forme d'un chef de province, le Bosatsu se manifeste sous la forme d'un chef de province et il leur prêche le Dharma.

S'il doit sauver d'autres êtres en empruntant la forme d'un chef de famille, le Bosatsu se manifeste sous la forme d'un chef de famille et il leur prêche de Dharma.

S'il doit sauver d'autres êtres en empruntant la forme d'un laïque, le Bosatsu se manifeste sous la forme d'un laïque et il leur prêche le Dharma.

S'il doit sauver d'autres êtres en empruntant la forme d'un fonctionnaire, le Bosatsu se manifeste sous la forme d'un fonctionnaire et il leur prêche Le Dharma.

S'il doit sauver d'autres êtres en empruntant la forme d'un Brahmane, le Bosatsu se manifeste sous la forme d'un Brahmane et il leur prêche le Dharma.

S'il doit sauver d'autres êtres en empruntant la forme d'un Bhikshu, d'une Bhikshuni, d'un Upasaka ou d'une

Upasika, le Bosatsu se manifeste sous la forme d'un Bhikshu, d'une Bhikshuni, d'un Upasaka ou d'une Upasika et il leur prêche le Dharma.

S'il doit sauver d'autres êtres en empruntant la forme d'une femme appartenant à la famille d'un chef de maison, à celle d'un laïque, d'un fonctionnaire ou d'un Brahmane, le Bosatsu se manifeste sous la forme de cette femme et il leur prêche le Dharma.

S'il doit sauver d'autres êtres en empruntant la forme d'un jeune homme ou d'une jeune fille, le Bosatsu se manifeste sous la forme d'un jeune homme ou d'une jeune fille et il leur prêche le Dharma.

S'il doit sauver d'autres êtres en empruntant la forme d'un Deva, d'un Naga, d'un Yaksha, d'un Gandharva, d'un Asura, de Garuda, de Kinnara, de Mahorago, de Manushya ou de Amanushya — le Bosatsu se manifeste sous ces formes différentes et il leur prêche de Dharma.

S'il doit sauver d'autres êtres en empruntant la forme de Vajrapani, le Bosatsu se manifeste sous la forme de Vajrapani et il leur prêche le Dharma.

O, Mujinni, ce Bosatsu Kwanzeon accomplit tous ces actes méritoires en empruntant des formes variées et en traversant des pays divers, il sauve et libère les êtres. C'est pourquoi tu feras tes offrandes à Kwanzeon Bosatsu avec un cœur sincère. Au milieu des angoisses, des périls et des calamités, c'est lui qui nous donne l'intrépidité[6], c'est pour cela qu'il est appelé, dans ce monde Saha, « celui qui procure l'intrépidité. »

Mujinni Bosatsu dit au Bouddha : « Je désire maintenant faire une offrande à Kwanzeon Bosatsu. » A ces mots, détachant de son cou le précieux collier chargé de pierres de valeur incalculable, il l'offrit à Kwanzeon Bosatsu en disant : « Vénérable Seigneur, daigne accepter ce collier de pierres précieuses comme une offrande au Dharma. »

---

6. La « sécurité » ou mieux : « la foi ».

Kwanzeon Bosatsu refusa le présent ; alors, Mujinni lui dit : « Vénérable Seigneur, s'il te plait, accepte cet objet par compassion pour nous tous. »

Alors le Bouddha dit à Kwanzeon Bosatsu : « Par compassion pour Mujinni Bosatsu et pour les quatre catégories d'êtres, également pour les Devas, les Nagas, les Yakshas, les Gandharvas, les Asuras, les Garudas, les Kinnaras, les Mahogaras, les Manushyas, les Amanushyas et les autres — par compassion pour eux, accepte, O Kwanzeon Bosatsu, ce collier qu'il t'offre. »

Et, à cause de la compassion qu'il éprouve pour les quatre catégories d'êtres, pour les Dévas, les Nagas, les Manushyas, les Amanushyas et les autres — pour cela, Kwanzeon Bosatsu accepta le collier et, le partageant en deux, il en offrit une partie à Shakamunibutsu (le Bouddha Sakyamuni), réservant l'autre pour l'autel de Tahobutsu (le Bouddha Prabhutaratna).

O Mujinni, c'est ainsi que Kwanzeon Bosatsu, détenteur d'un pouvoir spirituel aussi miraculeux, visite ce monde Saha.

Puis, Mujinni Bosatsu, s'exprimant en vers, demanda : « Bienheureux, doué d'une si exquise beauté, je lui demande cette fois la raison pour laquelle on appelle le fils du Bouddha Kwanzeon ? »

Le Bienheureux, doué d'une exquise beauté, répondit à Mujinni, également en phrases versifiées : « Il te suffit d'écouter l'histoire de la vie de Kwanzeon, toujours disposé à répondre à l'appel de ceux qui sont en difficulté, dans toutes les régions du monde ; ses vœux universels sont aussi profonds que l'océan. Pendant un temps qui dépasse l'imagination, il a servi des myriades de Bouddhas et a formulé les grands vœux de pureté.

Laisse moi te les énumérer brièvement. Lorsque les gens entendent prononcer son nom, lorsqu'ils voient son corps et pensent à lui avec une grande concentration, ils voient le mal sous toutes ses formes disparaître de l'univers. Lorsqu'un méchant commence à attaquer quelqu'un et qu'il le pousse avec le désir de le faire tomber dans une fosse où crépite un feu violent, il suffit à l'homme attaqué de fixer sa pensée sur le pouvoir de Kwannon pour que le trou brûlant se transforme en étang paisible.

Ou si un homme, flottant à la dérive sur le vaste océan, se trouve sur le point d'être avalé par les Nagas, par les poissons ou par des êtres mauvais, il lui suffira de fixer sa pensée sur le pouvoir de Kwannon pour que les vagues épargnent sa vie.
Ou si un homme est projeté du haut du Mont Sumeru, il lui suffit de fixer sa pensée sur le pouvoir de Kwannon pour qu'il s'immobilise dans les airs, comme le soleil.
Ou si, poursuivi par les bandits, un homme tombe sur le Mont Vajra, il lui suffit de fixer sa pensée sur le pouvoir de Kwannon pour que pas un de ses cheveux ne soit touché.
Ou si, entouré d'ennemis menançants prêts à l'attaquer à l'épée, un homme est sur le point de succomber sous leurs coups, il lui suffit de fixer sa pensée sur le pouvoir de Kwannon pour que le cœur de ses ennemis soit soudain empli de compassion.
Ou si, persécuté par un tyran, un homme se trouve sur le point d'être exécuté, il lui suffit de fixer sa pensée sur le pouvoir de Kwannon pour que tout-à-coup l'épée du bourreau vole en éclats.
Ou si un homme est emprisonné et enchaîné, menottes aux mains, fers aux pieds, il lui suffit de fixer sa pensée sur le pouvoir de Kwannon pour être délivré.
Ou si quelqu'un est en train de faire du mal à un homme avec des herbes magiques ou empoisonées, il suffit à l'homme menacé de fixer sa pensée sur le pouvoir de Kwannon pour que la malédiction se retourne contre celui qui l'a préparée.
Ou si un homme rencontre un groupe de Rakshasas ou de Nagas exhalant du poison ou des esprit malins, il lui suffit de fixer sa pensée sur le pouvoir de Kwannon pour qu'aucun mal ne lui advienne.
Ou si un homme est entouré d'animaux sauvages aux dents et aux griffes acérées, il lui suffit de fixer sa pensée sur le pouvoir de Kwannon pour que ces bêtes féroces se sauvent au plus vite.
Ou si un homme est attaqué par des serpents et des scorpions venimeux exhalant une haleine fétide empoisonnée et prêts à le lacérer, il lui suffit de fixer sa pensée sur le pouvoir de Kwannon pour qu'ils s'enfuient en sifflant.
Lorsque les nuages d'orage éclatent en éclairs aveuglants, avec une pluie de grêlons et de puissantes trombes d'eau, il lui suf-

fit de fixer sa pensée sur le pouvoir de Kwannon pour que l'orage se dissipe aussitôt.

Si une calamité vient s'abattre sur les hommes en leur infligeant d'interminables souffrances, il leur suffit de s'adresser à Kwannon qui, par son mystérieux pouvoir de sagesse, les délivrera de tous les tourments du monde.

Kwannon possède des pouvoirs miraculeux, il est largement entraîné pour obtenir la connaissance et expert à manier les moyens habiles, et dans tous les pays des dix régions, il n'est point d'endroit où il ne se manifeste.

Les divers maux de l'existence tels que les enfers, les mauvais esprits, les créatures bestiales etc. et les souffrances provenant de la naissance, de la vieillesse, de la maladie et de la mort — toutes ces calamités disparaîtront peu à peu.

(Kwannon) est celui qui voit le monde dans sa vérité, libre de souillures, avec une vaste connaissance, pleine d'amour et de compassion ; il faut toujours le prier et l'adorer.

Il est pure lumière sans tâche et, comme le soleil, il dissipe l'obscurité avec la sagesse ; il retourne également les effets désastreux du vent et du feu ; sa lumière omniprésente remplit le monde.

Son corps d'amour, il le contrôle comme la foudre qui ébranle le monde ; ses pensées de compassion sont comme un amas de gros nuages se transformant en la bienfaisante pluie du Dharma qui, telle un nectar, va détruire les flammes des passions mauvaises.

Si un homme se voit mis en accusation et confronté à un tribunal ou s'il est effrayé dans un camp militaire, il lui suffit de fixer sa pensée sur le pouvoir de Kwannon et tous ses ennemis battront en retraite.

Il possède la voix la plus exquise, une voix qui domine le monde, la voix de Brahma, la voix de l'océan, une voix qui surpasse toutes les voix du monde. C'est pour cela qu'il nous faut constamment fixer notre pensée sur lui.

N'éprouvons jamais de doutes au sujet de Kwanzeon qui est parfaitement pur et saint et qui est un véritable refuge et un protecteur aux moments difficiles, dans la peine, au moment de la mort et au milieu des calamités.

Il détient tous les mérites. Il considère toutes choses avec compassion et, comme l'océan, il recèle en lui-même une inestimable quantité de vertus. C'est pour cela qu'il faut l'adorer.

A ce moment, Jiji Bosatsu[7] se leva de son siège et, se tenant devant le Bouddha, il dit : « Bienheureux, ceux qui écoutent ce texte sur la vie de Kwanzeon Bosatsu, vie faite d'actions de perfection, vie emplie de pouvoirs miraculeux, lui permettant de se manifester dans toutes les directions — ceux qui écoutent ce texte bénéficient réellement d'une infinie abondance de mérites.

Lorsque le Bouddha eut fini de prêcher ce sermon sur Celui qui possède tous les aspects, toute l'assemblée, évaluée à 84 000 personnes, éprouva le désir de parvenir à l'illumination suprême incomparable.

III

KONGO KYO OU LE SOUTRA DE DIAMANT[8]

1. Voici ce que j'ai entendu :
Le Bouddha se trouvait dans les jardins d'Anathapindika dans les bocages de Jeta du royaume de Sravasti ; il était accompagné de mille deux cent cinquante grands bhiksus (moines bouddhistes). Au moment du repas, le Bienheureux se revêtit de sa robe, et, prenant son bol à aumône, entra dans la grande cité de Sravasti pour y mendier sa nourriture. Après s'être arrêté à chaque porte, il revint dans les jardins et se restaura. Quand il eut fini, il ôta sa robe et posa son bol, se lava les pieds, prépara son siège et s'y assit.

---

7. Sanskrit : Dharanindhara « le soutien de la terre ».
8. Japonais : Kongokyo. Le titre sanskrit complet est : Vajracchedika-prajna-paramita sutra. Il fait partie de la collection Prajna dans la littérature du Mahayana. Si l'on n'est pas habitué à cette forme de raisonnement, on peut se demander quelle est la signification dernière de toutes ces négations. La dialectique de la Prajna cherche à nous hausser à une affirmation plus élevée en contredisant un propos direct et simple. Par sa démarche directe basée sur l'intuition, elle diffère nettement de la logique hégelienne. Notre traduction est celle de la version chinoise de Kumarajiva effectuée entre 402 et 412 de notre ère.

2. Alors, le Vénérable Subhuti se leva du milieu de l'assemblée, dénuda son épaule droite, posa à terre le genou droit et, joignant respectueusement les mains, il s'adressa au Bouddha de la manière suivante :

« — C'est une chose merveilleuse, Bienheureux, que le Tathagata pense avec autant d'attention à tous les bodhisattvas et les instruise aussi bien. Bienheureux, lorsque des hommes et des femmes de valeur éprouvent un véritable désir de parvenir à l'Illumination Suprême, comment doivent-ils s'y prendre et comment doivent-ils contrôler leurs pensées ! »
Le Bouddha répondit : « — Bien dit, Subhuti ! Comme tu le dis, le Tathagata pense constamment à tous les bodhisattvas et les instruit bien. Maintenant, écoute attentivement ce que je vais te dire. Lorsque des hommes et des femmes de valeur éprouvent un véritable désir de parvenir à l'Illumination Suprême, voici comment ils doivent s'y prendre et comment ils doivent contrôler leurs pensées... »

« — Qu'il en soit ainsi, Bienheureux, je me réjouis de vous écouter. »

3. Le Bouddha dit à Subhuti : « — Tous les Bodhisattva-Mahasattvas doivent contrôler leurs pensées de la manière suivante. Toutes les variétés d'êtres comme ceux qui naissent de l'œuf, d'une matrice, de moisissures, ceux qui naissent miraculeusement, ceux qui ont une forme, ceux qui n'ont pas de forme, ceux qui sont pourvus de conscience, ceux qui n'ont pas de forme, ceux qui sont pourvus de conscience, ceux qui en sont dépourvus, ceux qui sont inconscients et ceux qui ne le sont pas — tous ces êtres, je les guide vers le Nirvana sans restes afin qu'ils parviennent à la libération finale. Or, bien que d'innombrables êtres, en quantités illimitées, soient libérés, il n'y a, en réalité, pas d'êtres jamais libérés. Pourquoi cela, Subhuti ? Parce que si un bodhisattva nourrit la pensée d'un ego, d'une personne, d'un être ou d'une âme, il n'est plus un bodhisattva.

4. De plus, Subhuti, lorsqu'un bodhisttva pratique la charité, il ne devrait se faire aucune idée, c'est-à-dire qu'il ne doit pas se faire l'idée de forme ; il ne doit pas se faire l'idée du son,

de l'odeur, du toucher ou de la qualité[9]. Subhuti, un bodhisattva doit ainsi faire la charité sans aucune idée de forme. Pourquoi ? Parce que lorsqu'un bodhisattva fait la charité sans aucune idée de forme, son mérite sera incalculable. Subhuti, qu'en penses tu, peux tu concevoir l'espace qui s'étend à l'est ? — Non, Bienheureux, je ne peux.

— Subhuti, peux-tu concevoir l'espace vers le sud, vers l'ouest, vers le nord, au zénith, au nadir ?

— Non, Bienheureux, je ne peux.

— Eh bien, Subhuti, il en est de même en ce qui concerne le mérite d'un bodhisattva qui fait la charité sans aucune idée de forme. C'est un mérite impossible à évaluer. Subhuti, un bodhisattva ne devrait s'attacher qu'à ce qui vient de lui être enseigné.

5. Subhuti, qu'en penses-tu ? Le Tathagata se reconnaît-il d'après une forme matérielle ?

— Non, Bienheureux. On ne le reconnaît pas d'après une forme matérielle. Pourquoi ? Parce que, selon le Tathagata, une forme matérielle n'est pas une forme matérielle. »

Le Bouddha dit à Subhuti :

« — Tout ce qui a une forme est une existence trompeuse. Lorsque l'on perçoit que toute forme est une non-forme, le Tathagata est perçu. »

6. Subhuti dit au Bouddha :

« Bienheureux, les êtres qui entendront ces paroles et ces affirmations y croiront-ils et y mettront-ils leur foi ? »

Le Bouddha dit à Subhuti : « Ne parle pas ainsi. Cinq cents ans après le départ du Tathagata, il pourra se trouver des êtres qui, ayant pratiqué les règles de moralité et en ayant acquis quelques mérites, auront l'occasion d'entendre parler de ce que je viens de dire et y adhèreront en toute foi. Ces êtres, sache-le, ont planté ces racines de mérite, non pas en la présence de un, deux, trois, quatre ou cinq Bouddhas, mais de milliers de myriades d'asamkheyas de Bouddhas et ces mérites sont très divers. Ceux qui, en entendant cette doctrine, éprou-

---

9. Dharma, c'est-à-dire l'objet de Manovijnana, la pensée, de la manière dont la forme (rupa) est l'objet du sens de la vue, le son celui du sens auditif, l'odeur celui de sens olfactif et ainsi de suite.

vent ne serait ce qu'une seule pensée de foi pure, Subhuti, ceux-là sont tous connus du Tathagata et il connaît l'incalculable somme de leurs mérites. Pourquoi ? Parce que tous ces êtres sont libérés de l'idée d'un ego, d'une personne, d'un être ou d'une âme ; ils sont libérés de l'idée d'un dharma aussi bien que de celle d'un non-dharma. Pourquoi ? Parce que s'ils cultivent mentalement l'idée d'une forme, ils sont attachés à un ego, à une personne, à un être ou à une âme. S'ils cultivent l'idée d'un dharma, ils sont attachés à un ego, à une personne, à un être, à une âme. Pourquoi ? S'ils cultivent l'idée d'un non-dharma, ils sont attachés à un ego, à une personne, à un être, à une âme. Par conséquent, ne cultivez pas l'idée d'un dharma, ni celle d'un non-dharma. C'est pour cette raison que le Tathagata prêche toujours ceci : « — O, moines ! sachez que mon enseignement doit être comparé à un radeau. Si l'on doit se débarrasser d'un dharma, à plus forte raison doit-on rejeter un non-dharma. »

7. Subhuti, qu'en penses-tu ? Le Tathagata a-t-il atteint l'Illumination Suprême ? A-t-il une doctrine à prêcher ? »
Subhuti dit : « — Bienheureux, si je comprends bien l'enseignement du Bouddha, il n'y a aucune doctrine que le Tathagata puisse prêcher. Pourquoi ? Parce que la doctrine qu'il prêche ne doit pas être adoptée et elle ne doit pas être prêchée non plus ; elle n'est ni un dharma ni un non-dharma. Comment cela ? Parce que tous les hommes sages, aussi divers soient-ils, s'appuient sur l'Indicible et Informulable Principe.
8. Subhuti, qu'en penses-tu ? Si un homme emplissait les trois mille chiliocosmes des sept trésors précieux et en faisait don par charité, n'obtiendrait-il pas ainsi un grand mérite ? »

Subhuti dit : « — Un très grand mérite, en effet, Bienheureux.

Pourquoi ? Parce que son mérite est caractérisé par la qualité de n'être pas un mérite. Donc, le Tathagata parle de ce mérite en disant qu'il est grand. Par ailleurs, s'il se trouve un homme qui, retenant ne seraient-ce que quatre lignes de ce soutra, s'en va les prêcher autour de lui, son mérite sera supérieur à celui que nous avons mentionné juste avant lui. Ceci vient, Subhuti, de ce que tous les Bouddhas et leur Illumination Suprême sont issus de ce soutra. Subhuti, ce qui est présenté comme l'enseignement du Bouddha n'est pas l'enseignement du Bouddha.

9. — Subhuti, qu'en penses-tu ? Un Srotapanna se dit-il : J'ai obtenu le fruit de l'Entrée dans le Courant ? »

Subhuti dit : « — Non, Bienheureux, il ne se dit pas cela ? Pourquoi ? Parce que, Srotapanna signifiant « entrer dans le Courant », il n'y a pas ici d'Entrée dans le Courant. Est appelé Srotapanna celui qui n'entre pas dans le monde de la forme, des sons, des odeurs, du goût, du toucher et de la qualité.

— Subhuti, qu'en penses-tu ? Un Sakridagamin se dit-il : j'ai obtenu le fruit d'un Sakrigamin ? »

— Subhuti dit : « — Non, Bienheureux, il ne se dit pas cela. Pourquoi ? Parce que, Sakrigamin signifiant ''ne plus renaître qu'une fois'', il n'y a pas réellement de ''dernière naissance''. C'est pourquoi on l'appelle un Sakrigamin. »

« — Subhuti, qu'en penses-tu ? Un Anagamin se dit-il : j'ai obtenu le fruit de l'Anagamin ? » Subhuti dit : « — Non, Bienheureux. Il ne se dit pas cela. Pourquoi ? Parce que, Anagamin signifiant ''celui qui ne revient pas'', il n'y a pas réellement de non-Retour. C'est pour cela qu'on l'appelle un Anagamin. »

« — Subhuti, qu'en penses-tu ? Un Arhat se dit-il : j'ai obtenu l'état d'Arhat ? » Subhuti dit : « — Non, Bienheureux. Il ne se dit pas cela. Pourquoi ? Parce qu'il n'y a pas de dharma que l'on puisse appeler état d'Arhat. Si un Arhat se dit : ''j'ai obtenu l'état d'Arhat'', cela signifie qu'il est attaché à un ego, une personne, un être ou une âme. Bien que le Bouddha dise que je suis le premier de ceux qui sont parvenus à l'Arana-samadhi[10], que je suis le premier des Arhats libérés des mauvais désirs, je ne me dis pas que j'ai atteint l'état d'Arhat. Bienheureux, si je le faisais, vous ne me diriez pas : ''O. Subhuti, tu es celui qui mène la vie de non-résistance.'' C'est justement parce que Subhuti n'est pas du tout attaché à cette vie que l'on dit de lui qu'il est celui qui mène la vie de non-résistance. »

---

10. C'est-à-dire le Samadhi de la non-résistance. Arana signifie aussi « forêt » où le yogi se retire pour pratiquer la méditation.

10. Le Bouddha dit à Subhuti : « Qu'en penses-tu ? Lorsque le Tathagata était autrefois avec le Bouddha Dipankara, est-il parvenu à une réalisation dans le Dharma ? »
« — Non, Bienheureux. Il n'y est pas parvenu. Le Tathagata, lorsqu'il était auprès du Bouddha Dipankara, n'est pas parvenu à la moindre réalisation dans le Dharma ? »
« — Subhuti, qu'en penses-tu ? Un Bodhisattva déploie-t-il une terre de Bouddha ? »
« — Non, Bienheureux, il ne le fait pas. Pourquoi ? Parce que déployer une terre de Bouddha, c'est ne pas la déployer. C'est pour cela que l'on dit que c'est la déployer. Donc, Subhuti, tous les Bodhisattva-Mahasattvas devraient ainsi avoir une pensée purifiée. Ils ne doivent pas avoir de pensées de formes, de son, d'odeur, de goût, de toucher, et de qualité. Ils doivent avoir des pensées qui ne reposent sur rien ; Subhuti. C'est comme un corps d'homme de la dimension du Mont Sumeru. Qu'en penses-tu ? Ce corps n'est-il pas un grand corps ? »
Subhuti dit : « — Très grand, en effet, Bienheureux. Pourquoi ? Parce que le Bouddha enseigne que ce qui est non-corps est reconnu comme un grand corps. »
11. « Subhuti, en ce qui concerne le sable du Gange, suppose qu'il y ait autant de fleuves Gange qu'il y a de grains dans ce sable. Qu'en penses-tu ? Les grains de sable de tous ces fleuves Gange ne sont-ils pas très nombreux ? »
Subhuti dit : « Très nombreux, en effet, Bienheureux. »
« Ne considérant que ces innombrables Ganges, on peut dire qu'ils sont d'un nombre incalculable ; combien plus incalculable sera donc le nombre des grains de sable de tous ces fleuves ! Subhuti ! Je te demande maintenant de me dire si le mérite serait grand, d'un homme ou d'une femme de valeur, qui rempliraient les mondes des trois mille chiliocosmes (tous ces mondes aussi nombreux que les grains de sable de ces fleuves Ganges) des sept trésors précieux, en les distribuant par charité ? »
Subhuti dit : « Très grand, en effet, Bienheureux. »
Le Bouddha dit à Subhuti : « Si un homme ou une femme de valeur, retenant seulement quatre lignes de ce soutra, s'en allaient les réciter autour d'eux, leur mérite serait encore bien supérieur au mérite de ceux dont il vient d'être question.
12. « Bien plus, Subhuti, où que ce soutra soit prêché ou

même quatre lignes de ce soutra, cet endroit sera respecté par tous les êtres, Devas, Asuras, etc. comme si c'était le sanctuaire du Bouddha lui-même ou son chaitya ; combien plus de respect ira à une personne qui pourra retenir ce soutra en sa mémoire et le réciter. Subhuti, tu devrais savoir qu'une telle personne accomplit l'acte le plus élevé, le plus important et le plus merveilleux qui soit. Là où ce soutra est conservé, l'endroit doit être considéré comme si le Bouddha ou l'un de ses vénérables disciples y étaient. »

13. A ce moment, Subhuti dit au Bouddha : « — Bienheureux, comment ce soutra sera-t-il appelé ? Comment devons-nous le conserver ? »

Le Bouddha dit à Subhuti : « Ce soutra sera appelé le Vajra-prajna-paramita, et c'est sous ce titre qu'il faudra le conserver. La raison en est, Subhuti, que, selon l'enseignement du Bouddha, la Prajnaparamita n'est pas la Prajnaparamita, c'est pourquoi on l'appelle la Prajnaparamita. Subhuti, qu'en penses-tu ? Le Tathagata prêche-t-il quelque chose ? »

Subhuti dit au Bouddha : « Bienheureux, le Tathagata ne prêche rien.

— Subhuti, qu'en penses-tu ? Y a-t-il beaucoup de particules de poussière dans les trois mille chiliocosmes ? »

Subhuti dit : « Il y en a en effet beaucoup, Bienheureux. »

« Subhuti, le Tathagata enseigne que toutes ces nombreuses particules de poussière sont des non-particules de poussière et que c'est pour cela qu'on les appelle particules de poussière ; il enseigne que le monde est un non-monde et que c'est pour cela qu'on l'appelle monde.

— Subhuti, qu'en penses-tu ? Est-ce que l'on reconnaît le Tathagata par les trente-deux signes (d'un grand homme) ? »

— Non, Bienheureux, on ne le fait pas. On ne reconnaît pas le Tathagata par les trente-deux signes parce que ce qu'on appelle les trente-deux signes, le Tathagata déclare que ce sont des non signes, c'est pourquoi on les appelle les trente deux signes. Subhuti, s'il se trouvait un homme ou une femme pour donner sa vie autant de fois qu'il y a de grains de sable dans le Gange, son mérite ainsi gagné serait pourtant inférieur à celui de qui, retenant quatre lignes de ce soutra, s'en va les prêcher autour de lui. »

14. A ce moment, Subhuti, à l'audition de ce soutra, pénétra

profondément dans la signification de ces paroles ; il se mit à verser des larmes de gratitude et dit au Bouddha :

« — Comme il est merveilleux, Bienheureux, d'entendre le Bouddha nous enseigner ce soutra si plein de profondeur. Je n'en ai jamais entendu de semblable, même avec l'œil de la sagesse acquis lors de mes existences antérieures. Bienheureux, celui qui, en entendant ce soutra, se fera un cœur croyant et pur, celui-là aura alors une idée juste des choses. Il sera parvenu à la plus merveilleuse des vertus. Bienheureux, ce que l'on dénomme une idée juste est une non-idée, c'est pour cela qu'on l'appelle une idée juste. Bienheureux, je n'ai aucune difficulté à croire, à comprendre et à retenir ce soutra que je viens d'entendre ; mais, dans les âges futurs, au cours des prochaines cinq cents années, si se trouvent des êtres capables d'y croire, de le comprendre et de le retenir en l'entendant récité, ces êtres seront certainement des êtres merveilleux. Pourquoi ? Parce qu'ils ne se feront pas l'idée d'un ego, d'une personne, d'un être ou d'une âme. Pour quelle raison ? Parce que l'idée d'un ego est une non-idée (d'un ego), comme l'idée d'une personne, d'un être ou d'une âme est une non-idée. Pour quelle raison ? Parce qu'ils sont des Bouddhas libérés de toutes les catégories d'idées. »

Le Bouddha dit à Subhuti : « Il en est bien ainsi. S'il se trouve quelqu'un qui, à l'audition de ce soutra, n'est pas effrayé, alarmé ou troublé, sache que c'est quelqu'un de remarquable. Pourquoi ? Parce que, Subhuti, le Tathagata enseigne que la première Paramita n'est pas la première Paramita et que c'est pour cela qu'on l'appelle première Paramita. Subhuti, la Paramita de l'humilité (patience), le Tathagata dit qu'elle n'est pas la Paramita de l'humilité, c'est pour cela qu'on l'appelle la Paramita de l'humilité. Pourquoi ? Autrefois, Subhuti, lorsque mon corps fut mis en pièces par le roi Kalinga, je ne me faisais aucune idée d'ego, de personne, d'être ni d'âme. Pourquoi ? Quand, à cette époque, mon corps fut dépecé, membre par membre, articulation après articulation — si j'avais nourri l'idée soit d'un ego, soit d'une personne, d'un être ou d'une âme, aussitôt se serait élevé en moi un sentiment de colère et de rancune. Je me rappelle, Subhuti, que lors de mes cinq cents dernières naissances, j'étais un rishi appelé Kshanti, et, tout au long de ces existences, je n'ai eu ni l'idée d'un ego, ni celle d'une personne, d'un être ou d'une âme.

« Donc, Subhuti, te détachant de toutes les formes d'idées, tu dois cultiver le désir de l'illumination suprême. Tu dois avoir des pensées dégagées de la forme, du son, de l'odeur, du goût, du toucher ou de n'importe quelle qualité. Quelques soient tes pensées, elles ne doivent s'attacher à rien. Si une pensée s'attache à quelque chose, on dit que c'est un non attachement. C'est pourquoi le Bouddha enseigne qu'un Bodhisattva ne doit pas pratiquer la charité en s'attachant à la forme — Subhuti, la raison pour laquelle il pratique la charité est le bien-être de tous les êtres.

Le Tathagata enseigne que toutes les idées ne sont pas des idées, également que les êtres ne sont pas des êtres. Subhuti, le Tathagata est Celui qui dit ce qui est vrai, qui parle de ce qui est réel, Celui dont les paroles sont comme elles sont, Celui qui ne dit jamais de paroles fausses, Celui qui parle sans équivoque.

Subhuti, dans le Dharma où est parvenu le Tathagata, il n'y a ni vérité ni mensonge. Subhuti, un Bodhisattva qui veut pratiquer la charité en entretenant une pensée attachée au Dharma est comme quelqu'un qui entre dans l'obscurité, où il ne voit rien. S'il pratique la charité en n'entretenant pas de pensée attachée au Dharma, il sera comme quelqu'un qui a les yeux ouverts, en pleine lumière, devant toutes les formes qu'il rencontrera.

Subhuti, si, dans les temps futurs, se trouvent des hommes et des femmes de valeur pour réciter ce soutra et le retenir, le Tathagata, par son omniscience de Bouddha, les verra et les reconnaîtra et ils acquèreront des mérites incalculables. »

15. « Subhuti, s'il se trouve un homme ou une femme de valeur pour donner son corps en sacrifice, au commencement du jour, autant de fois qu'il y a de grains de sable dans le Gange, puis encore au milieu du jour et encore à la fin du jour, en continuant ces sacrifices pendant des centaines de milliers de myriades de kotis de kalpas, si, par ailleurs, il se trouve un autre homme qui, ayant entendu ce soutra, l'accepte avec un cœur plein de foi — celui-ci obtiendra un mérite bien supérieur à celui de ceux qui se sont sacrifiés comme il vient d'être dit. Et combien plus grand encore sera

le mérite de celui qui voudra copier ce soutra, le retenir,
l'apprendre, le réciter et le faire connaître aux autres !
Subhuti, pour nous résumer, ce soutra comporte une incalculable somme de mérite, impossible à comprendre. Le Tathagata l'a prêché pour ceux qui étaient ouverts au Mahayana (Grand Véhicule), il l'a prêché pour ceux qui étaient ouverts au Sreshthayana (Véhicule Suprême). Ceux qui le retiennent, l'apprennent et le font connaître aux autres sont connus du Tathagata et reconnus par lui et obtiennent un mérite incalculable, impossible à évaluer et impossible à comprendre. Ces êtres sont porteurs de l'Illumination Suprême, obtenue par le Tathagata. Pourquoi ? Subhuti, ceux qui se contentent de doctrines inférieures sont attachés à l'idée d'un ego, d'une personne, d'un être et d'une âme.

Ils sont incapables d'entendre, de retenir, d'apprendre, de réciter ce soutra et de le faire connaître aux autres. Subhuti, là où ce soutra sera entendu, à cet endroit se rendront tous les êtres, mêmes les Devas (Dieux) et les Asuras, pour l'adorer. Cet endroit devra être révéré comme un chaitya, objet de culte et d'obéissance autour duquel se rassemblent les adeptes en y jetant des fleurs et en brûlant de l'encens.
16. De plus, Subhuti, il se trouvera des hommes et des femmes de valeur qui seront méprisés parce qu'ils auront retenu ce soutra et le réciteront. Cela sera la conséquence de leur mauvais karma passé, raison de leur chute dans les mauvais chemins de l'existence ; mais, le mauvais karma fabriqué au cours de leurs existences antérieures sera détruit par le fait même qu'ils seront méprisés dans cette existence actuelle et ils seront ainsi en mesure d'atteindre l'Illumination Suprême. Subhuti, je me souviens du temps infiniment reculé où, au cours de mes vies antérieures, il y a d'incalculables asamkheyas de kalpas, je me trouvais avec le Bouddha Dipankara ; à ce moment, voyant quatre-vingt-quatre fois cent mille myriades de nayutas de Bouddhas, je leurs fis des offrandes et les servis tous, plein de respect et sans en négliger un seul. Or, si au cours des derniers cinq cents ans, il s'était trouvé des gens pour retenir, réciter et apprendre ce soutra, ces gens obtiendraient ainsi un mérite au-delà de toute mesure, car, comparé au mérite que j'ai obtenu en servant tous ces Bouddhas, le

leur dépasserait le mien cent fois, non, cent mille fois dix millions de fois. En effet, il est au-delà de tout calcul, au-delà de toute comparaison.

« Subhuti, s'il s'est trouvé, au cours des derniers cinq cents ans, des hommes et des femmes de valeur pour retenir, réciter et apprendre ce soutra, le mérite qu'ils en obtiennent est si grand que je ne peux le décrire en détails. Si je le faisais, ceux qui m'écoutent perdraient l'esprit et commenceraient à avoir des doutes sérieux ; ils ne comprendraient pas du tout que la signification de ce soutra est bien au-delà de la compréhension ainsi que les bénéfices qu'il procure. »

Note : C'est ici le terme de la première partie du Soutra de Diamant, ainsi qu'il est habituellement divisé. Dans la seconde partie, le texte se poursuit de manière à peu près semblable jusqu'à la fin. En fait, certains érudits pensent que la seconde partie n'est qu'une répétition de la première ; ou encore, qu'elles ne sont toutes les deux que des variantes d'un texte original unique et que ces variantes dans les deux présentations sont le résultat d'ajouts au texte lui-même. Mais, je ne peux souscrire à cette vue parce que la littérature Prajnaparamita tout entière est remplie de passages contenant des idées similaires qui se répètent au cours des textes. C'est pourquoi je ne citerai, dans ce qui va suivre, que des pensées qui n'ont pas été complètement formulées dans la première partie.

18. Le Bouddha dit à Subhuti : « — Tous les êtres de ces innombrables pays, le Tathagata en connaît bien tous les caractères mentaux. Pourquoi ? Parce que le Tathagata enseigne que tous ces caractères mentaux ne sont pas des caractères. C'est pourquoi on les appelle des caractères mentaux. Subhuti, les pensées[11] du passé sont hors d'atteinte, les pen-

---

11. Citta exprime le mental et la pensée. L'idée du texte est ici qu'il n'y a pas, en nous, d'entité particulièrement déterminée qui serait psychologiquement désignée comme mental ou pensée. Au moment où nous croyons pouvoir saisir une pensée, celle-ci s'échappe. Il en est de même pour l'idée d'âme, d'ego, d'être, de personne, car on ne peut pas distinguer objectivement une entité particulière de ce genre demeurant comme telle éternellement séparée du sujet qui pense. Nous sommes ici devant l'une des doctrines fondamentales du Bouddhisme (Mahayana et Hinayana) : l'impossibilité de saisir le mental ou la pensée ; ce qui revient à dire qu'il n'y a pas d'âme substancielle en tant qu'objet sans relations, isolé dans le fond de la conscience.

sées du présent sont hors d'atteinte et les pensées du futur sont hors d'atteinte. »

23. « Procédons, Subhuti. Ce Dharma est égal et ne connaît ni haut ni bas ; et il est appelé Illumination Suprême. C'est parce qu'un homme met en pratique tout ce qui est bon, sans avoir la pensée d'un ego, d'une personne, d'un être et d'une âme, qu'il atteint l'Illumination Suprême. Subhuti, ce qui est appelé bon n'est pas bon, c'est pourquoi on l'appelle bon. »

26. « Subhuti, Qu'en penses-tu ? Un homme peut-il connaître le Tathagata aux trente-deux signes (d'un grand homme) ? »

Subhuti dit : « Il en est bien ainsi, il en est bien ainsi. Le Tathagata est reconnu par les trente-deux signes. »

Le Bouddha dit à Subhuti : « — Si le Tathagata est reconnu par ses trente-deux signes, le Cakravartin peut-il être un Tathagata ? »

Subhuti dit au Bouddha : « Bienheureux, si je comprends l'enseignement du Bouddha, le Tathagata n'est pas reconnu par les trente-deux signes. »

Alors, le Bienheureux prononça cette gatha :
« Quiconque me perçoit par ma forme,
Ou me cherche par ma voix,
Suit le mauvais chemin
Il ne peut pas voir le Tathagata. »

29. « Subhuti, un homme qui prétend que le Tathagata est celui qui va et vient, s'assied ou se couche, ne comprend pas la signification de mon enseignement. Pourquoi ? Parce que le Tathagata ne vient de nulle part et ne va nulle part ; c'est pourquoi on l'appelle le Tathagata.

32. « Comment un homme le fait-il connaître aux autres ? Lorsqu'on n'est pas attaché aux formes, c'est la Réalité-Quiddité demeurant immobile. Pourquoi ?

Toutes les choses composées (samskrita)
Sont semblables à un rêve, à une illusion,
A une bulle de savon, à une ombre,
Elles sont pareilles à une goutte de rosée, à un éclair ;
C'est ainsi qu'il faut les considérer. »

IV

Le Soutra Lankavatara

Ce soutra, selon la tradition, a été transmis par Bodhidharma à son plus grand disciple Hui-k'e et contient l'essentiel de la doctrine zen. Depuis, il a surtout été étudié par les philosophes du Zen. Mais, comme il est rempli de termes techniques difficiles et que le style en est quelque peu rugueux, ce soutra n'a pas reçu le même succès populaire que d'autres soutras du Mahayana tels que le Pundarika, le Vimalakirti ou le Vajracchedika.

Le personnage principal y est un Bodhisattva du nom de Mahamati ; divers sujets de spéculation philosophique sont abordés sur un fond profondément religieux. Le point le plus intéressant pour le lecteur est l'étude de svapratyatmagati, c'est-à-dire de la réalisation intérieure de la plus haute vérité.

Il n'est peut-être pas inutile d'expliquer ici quelques-uns des termes qui reviennent constamment dans le texte : « naissance et mort » (sanskrit : samsara) se trouve toujours en contraste avec « Nirvana ». Nirvana est la plus haute vérité et la norme de l'existence alors que la naissance et la mort s'appliquent à un monde de particularités soumis au karma et à la loi de causalité. Tant que nous sommes dépendants du Karma, nous passons d'une naissance à l'autre et souffrons de tous les maux nécéssairement inhérentss à ce genre de vie, bien que ce soit une forme d'immortalité. Ce que les bouddhistes recherchent, c'est autre chose.

« Mental Cosmique » (cittamatra) est un terme difficile. Il signifie mental absolu, à distinguer d'un mental empirique pouvant être l'objet d'une étude psychologique. Commençant par une majuscule, il s'applique à la réalité ultime sur laquelle s'appuie l'univers entier des objets individuels pour en tirer sa valeur. Réaliser cette vérité, tel est l'objectif de la vie bouddhiste.

L'expression « ce que l'on voit du Mental Cosmique », désigne ce monde visible, y compris ce que l'on appelle communément le mental. Dans notre expérience ordinaire du monde, nous considérons celui-ci comme une chose ayant sa « nature propre », c'est-à-dire une chose qui existe par elle-même. Mais une intuition plus profonde nous dit qu'il n'en est rien, que le monde est une illusion et que ce qui existe réellement, c'est le Mental qui, par le fait qu'il est absolu, est sans second. Tout ce que nous voyons, entendons, tout ce que nous considérons comme objets des vijnanas (consciences), sont des événements qui naissent et disparaissent dans le Mental Cosmique.

Ce Mental Absolu est également appelé, dans le Lankavatara, le Dharma de Solitude (vivikta-dharma) parce qu'il existe par lui-même. Cela signifie aussi qu'il est le Dharma absolument tranquille.

Il n'y a, dans ce Dharma de Solitude, aucune « discrimination », ce qui veut dire que la discrimination règne de ce côté-ci de l'existence, côté de multiplicités et de causalité. Bien plus, sans cette discrimination, il n'y a pas de monde possible.

La discrimination provient de « l'énergie de l'habitude » ou de la « mémoire » qui demeure latente dans l'« alayavijnana », conscience-magasin où tout est conservé. Cette conscience n'a pas, à elle seule, le pouvoir d'agir. Elle est entièrement passive et reste au repos jusqu'à ce qu'une opération spécifique vienne l'activer. L'apparition de cette opération est un grand mystère devant lequel l'intellect est impuissant ; c'est un phénomène qu'il faut accepter simplement, sans chercher davantage. Selon Asvagosha, elle s'éveille « tout d'un coup ».

Comprendre cette opération subite est la fontion de la « noble sagese » (aryajnana), mais, en tant qu'expérience, l'éveil subit de la discrimination ne recouvre aucune signification. Le fait est simplement qu'elle est éveillée, rien de plus ; ce n'est pas une expression cherchant à désigner quelque chose d'autre.

L'Alayavijnana ou cette conscience de conservation, considérée comme un magasin-entrepôt, ou mieux, comme une matrice créatrice dont tous les Tathagatas proviennent — est appelée « Tathagatagarbha ». Garbha est la matrice.

Normalement, notre appareil cognitif est fait pour fonctionner à l'extérieur, dans un monde de relativité et c'est pour cette raison que nous sommes profondément intégrés en lui et que nous ne réalisons pas que nous sommes tous intrinsèquement libres ; pour finir, nous sommes gênés de tous les côtés. Pour nous sortir de cette situation, il nous faut effectuer au fond de notre conscience ce que l'on peut appeler, sur le plan psychologique, un « retournement » ou une « révolution ». Cependant, il ne s'agit pas d'un simple événement psychologique empirique que l'on puisse expliquer en termes de conscience. Ce processus surgit dans les zônes les plus profondes de notre être. Le terme sanskrit pour l'exprimer est paravrittasraya.

Les extraits qui suivent sont tirés de ma traduction anglaise (1932) du texte original sanskrit édité par Bunyu Nanjo, 1923.

XVIII

Allons plus loin, Mahamati. Ceux qui, redoutant les souffrances résultant de la discrimination de la naissance et de la mort, recherchent le Nirvana — ignorent que la naissance et la mort et le Nirvana ne doivent pas être séparés ; et, comprennant que tout ce qui est objet de discrimination n'a pas de réalité, ils s'imaginent que le Nirvana consiste en une annihilation des sens et de leur zone de fonctionnement. Ils ne se rendent pas compte, Mahamati, que le Nirvana « est » l'Alayavijnana où s'est produit un retournement par la réalisation intérieure. C'est pour cela, Mahamati, que les sots parlent de la trinité des véhicules et non de l'état de Mental Cosmique où il n'y a pas d'ombres. Donc, Mahamati, ceux qui ne comprennent pas l'enseignement des Tathagatas du passé, du présent et de l'avenir concernant le monde extérieur qui est du Mental lui-même — ceux-là s'accrochent à l'idée qu'il y a un monde en dehors de ce qui est vu du Mental et, Mahamati, ils continuent à tourner avec la roue de la naissance et de la mort.

XIX

Allons plus loin, Mahamati. Selon l'enseignement des Tathagatas du passé, du présent et de l'avenir, toutes choses sont non-nées. Pourquoi ? Parce qu'elles n'ont pas de réalité, étant des manifestations du Mental lui-même ; et, Mahamati, comme elles ne sont pas nées de l'être ni du non-être, elles sont non-nées. Mahamati, toutes choses sont comme des cornes de lièvre, de cheval, d'âne ou de chameau, mais les ignorants ou les esprits simples, prisonniers de leurs imaginations fausses, discriminent les choses où elles ne sont pas discriminables ; donc, toutes choses sont non-nées. Le fait que les choses soient par nature non-nées, Mahamati, est du domaine de la réalisation intérieure, obtenue par la noble sagesse et non du domaine de la discrimination dualiste tant prisée par les ignorants et les esprits simples.

La nature propre et les signes caractéristiques du corps, la propriété, le domicile — ces choses surgissent quand les ignorants considèrent l'Alayavijnana comme un processus de saisie ou de prise ; ils tombent alors dans une vue dualiste de l'existence où ils voient son surgissement, sa durée et sa disparition, en se faisant l'idée que toutes choses sont nées et sujettes à la discrimination quant à leur être ou à leur non-être. Donc, Mahamati, tu devrais t'entraîner à la discipline (c'est-à-dire à la réalisation intérieure).

XXIV

Allons plus loin, Mahamati. Il convient que le Bodhisattva-Mahasattva ait une parfaite compréhension de la nature de la double impersonnalité. Mahamati, qu'est-ce que cette double impersonnalité ? (C'est l'impersonnalité des individus et l'impersonnalité des choses.) Qu'entend-on par impersonnalité des individus ? On veut dire que dans l'ensemble des Skandhas, des Dhatus et des Ayatanas, il n'y a pas de substance personnelle, ni rien s'y rattachant ; vijnana trouve son origine dans l'ignorance, l'action et le désir et entretient son fonctionnement en saisissant des objets par les organes des sens (l'œil, etc.) et en s'attachant à ces objets comme s'ils étaient réels ; le monde des objets et des corps se manifeste à cause de la discrimination qui se produit dans le monde, ce monde qui vient du Mental lui-même, c'est-à-dire dans l'Alayavijnana.

C'est à cause de l'énergie-habitude emmagasinée par l'imagination fallacieuse depuis un temps immémorial que ce monde (vishaya) est soumis au changement et à la destruction d'instant en instant ; ce monde est comme un fleuve, une graine, une lampe, le vent, un nuage (alors que Vijnana elle-même) ressemble à un singe toujours agité, à une mouche toujours à la recherche de saletés et d'endroits nauséabonds, à un feu insatiable. Ou elle ressemble à une roue à eau ou à une machine, elle ne cesse de faire tourner la roue de la transmigration, créant toutes sortes de corps et de formes, ressuscitant les morts tel le démon Vetala, faisant bouger les poupées de bois comme le font les magiciens. Mahamati, une compréhension parfaite de ces phénomènes s'appelle la compréhension de l'impersonnalité des individus.

Voyons maintenant, Mahamati, ce qu'on entend par impersonnalité des choses. Il s'agit ici de réaliser que les Skandhas, les Dhatus et les Ayatanas résultent d'une discrimination fausse. Mahamati, comme les Skandhas, les Dhatus et les Ayatanas sont privés d'une substance-ego et ne sont que des aggrégats de Skandhas, soumis aux mécanismes de dépendance mutuelle, eux-mêmes reliés en mode causal par le fil du désir et de l'action ; et comme, par conséquent, il n'y a pas en eux le moindre agent créatif, Mahamati, les Skandhas sont complètement dépourvus de caractères d'individualité et de généralité ; mais les ignorants, à cause de leur discrimination erronée, y voient la multiplicité des phénomènes ; les sages, au contraire, n'imaginent rien. Reconnaissant, Mahamati, que toutes choses sont dépourvues de Citta, de Manas, de Manovijnana, des cinq Dharmas et des trois Svabhavas, le Bodhisattva-Mahasattva comprend parfaitement ce qu'on entend par impersonnalité des choses.

Mahamati, lorsqu'un Bodhisattva-Mahasattva a une bonne compréhension de l'impersonnalité des choses, il lui faut peu de temps pour atteindre le premier stade de la Bodhisattva-ité où il jouit d'une connaissance précise du sans-images. Une fois qu'il a acquis une vue précise de l'aspect des différents stades de la bodhisattva-ité, le Bodhisattva éprouve la joie et, s'élevant par degrés jusqu'au sommet de l'échelle, il atteindra le neuvième stade où sa vue sera parfaite, pour finir par le dixième stade qui a pour nom celui de Grand Dharma-megha.

Une fois établi à ce niveau, il sera installé dans le grand palais de joyau connu sous le nom de « Grand Trône de

Lotus » parce qu'il a la forme d'un lotus et qu'il est orné de bijoux et de perles variées ; là, il aura acquis et achevé un monde de la nature de Maya ; entouré de Bodhisattvas de son espèce, et sacré « fils du Cakravartin » par les mains mêmes des Bouddhas venus de toutes les terres de Bouddhas, il va surpasser le dernier stade de la Bodhisattva-ité et atteindre la noble vérité de la réalisation intérieure ; et il va devenir un Tathagata doué de la parfaite liberté du Dharmakaya, grâce à sa vue pénétrante de l'impersonnalité des choses. C'est ainsi, Mahamati, que l'on explique l'impersonnalité de toutes choses et c'est à cela que toi et les autres Bodhisattva-Mahasattvas devez vous entraîner sans relâche.

XXVIII

Ce jour-là, Mahamati, le Bodhisattva-Mahasattva dit au Bienheureux : « — Dans les soutras, le Bienheureux cite le Tathagatagarbha en le décrivant comme étant, par nature, brillant et pur, sans taches, doté des trente-deux marques d'excellence et caché dans le corps de chaque être comme un joyau de grande valeur, enveloppé dans un vêtement souillé, le vêtement des skandhas, des Dhatus et des Ayatanas — et sali par l'avidité, la colère, la folie et les fausses imaginations — tout en étant présenté par le Bienheureux comme éternel, permanent, favorable et inchangeable. Ce Tathagata Garbha exposé par le Bienheureux ne serait-il pas la même chose que la substance-ego exposée par les philosophes ? L'ego, dans les systèmes philosophiques, est un créateur éternel, non qualifié, omniprésent et impérissable. »

Le Bienheureux répondit :

« — Non, Mahamati, mon Tathagatagarbha n'est pas la même chose que l'ego des philosophes ; car, ce que les Tathagatas enseignent, c'est le Tathagatagarbha en le présentant, Mahamati, comme le Vide, une réalité limite, le Nirvana, non né, non qualifié et sans effort de volonté ; la raison pour laquelle les Tathagatas, qui sont des Arhats et des êtres Parfaitement Illuminés, enseignent la doctrine qui expose le Tathagatagarbha — est qu'ils cherchent à aider les ignorants à se défaire de leur crainte lorsqu'ils entendent la doctrine de l'impersonnalité et qu'ils s'efforcent de leur faire réaliser l'état de non-discrimination et de non-imagination.

Je souhaite également, Mahamati, que les Bodhisattva-Mahasattvas du présent et de l'avenir ne s'attachent pas à l'idée d'un ego (en imaginant que c'est une âme). Mahamati, c'est comme un potier qui fabrique différentes sortes de récipients en se servant d'une argile unique et de ses dons manuels naturels, et de son travail et de son bâton, d'eau et de fil ; c'est de la même façon, Mahamati, que les Tathagatas prêchent l'impersonnalité des choses qui supprime toute trace de discrimination, par divers moyens habiles provenant de leur sagesse transcendantale ; parfois, ils utilisent la doctrine du Tathagatagarbha, parfois celle de l'impersonnalité, et ils procèdent comme le potier, au moyen de termes, d'expressions et de synonymes variés. C'est pourquoi, Mahamati, la doctrine d'une substance-ego des philosophes n'est pas la même que la doctrine du Tathagatagarbha.

Ainsi, Mahamati, la doctrine du Tathagatagarbha est exposée pour réveiller les philosophes de leur attachement à l'idée d'un ego ; afin que ceux qui sont tombés dans des vues fausses où ils prennent l'ego sans existence pour quelque chose de réel, et qui cultivent l'idée que la triple émancipation est définitive — s'éveillent rapidement à l'état d'illumination suprême. Par conséquent, Mahamati, les Tathagatas qui sont des Arhats et des êtres Parfaitement Illuminés exposent la doctrine du Tathagatagarbha qui ne doit pas être comparée à la notion de substance-ego des philosophes. Ainsi, Mahamati, pour se détacher des fausses conceptions professées par les philosophes, il faut s'entraîner à la pratique de la doctrine de l'impersonnalité et à celle du Tathagatagarbha.

XXXV

Ce jour-là, Mahamati, le Bodhisattva-Mahasattva dit au Bienheureux :
« — Bienheureux, parlez-moi, je vous prie, de l'obtention de la réalisation intérieure au moyen de la noble sagesse, celle qui n'est pas la voie des philosophes, ni leur pratique ;

Qui n'est pas basée sur des concepts tels que l'être et le non-être, le moi et autrui, les deux à la fois et la négation des deux, l'existence et la non-existence, l'éternité et la non-éternité ;

Qui n'a pas de rapports avec l'imagination fausse, avec l'individualité ou le général, qui se manifeste comme vérité de la plus haute réalité ;

Qui, par une montée graduelle le long des stades de purification, parvient à la Tathagata-ité ;

Qui, grâce aux vœux originels prononcés sans le moindre effort, va pouvoir se répandre dans des mondes infinis comme un joyau reflétant des couleurs différentes ;

Et qui se manifeste lorsque l'on perçoit la manière dont les signes d'individualisation se forment et lorsqu'on perçoit le mouvement et le champ de ce qui est vu du Mental lui-même ; grâce à tout cela, moi et les autres Bodhisattva-Mahasattvas pouvons observer les choses d'un point de vue libéré de toutes les marques de l'individualité et du général, des fausses imaginations — et nous pouvons atteindre rapidement l'illumination suprême et permettre à tous les êtres de parvenir à la perfection de toutes leurs vertus. »

Le Bienheureux répondit :

« — Bien dit, bien dit ! Mahamati. Encore une fois, bien dit ! Mahamati. A cause de ta compassion pour le monde, au bénéfice du grand nombre, pour le bonheur du grand nombre, pour le bien-être, le bénéfice, le bonheur du grand nombre, des êtres célestes et de l'humanité, Mahamati, tu te présentes devant moi et me fais cette requête. Écoute donc bien, Mahamati, écoute attentivement ce que je vais te dire et réfléchis. »

« — Assurément, dit le Bodhisattva-Mahasattva Mahamati. »

Et il se prépara à écouter le Bienheureux.

Le Bienheureux lui dit ceci :

« — Mahamati, comme les ignorants et les esprits simples, sans savoir que le monde est ce que l'on voit du Mental lui-même, s'accrochent à la multitude des objets extérieurs, aux notions d'être et de non-être, de moi et d'autrui, des deux à la fois et de leur négation, d'existence et de non-existence, d'éternité et de non-éternité, toutes ces choses ayant le caractère de substance-ego (svabhava, être propre) — idées qui proviennent de la discrimination, elle-même créée par l'énergie-habitude — ces ignorants et ces esprits simples sont la proie des imaginations fausses.

Mahamati, c'est comme un mirage où l'on prend la source pour une réalité. C'est comme les animaux qui, assoiffés par la chaleur de la saison, s'imaginent voir une source et courent pour s'y désaltérer. Comme ils ne savent pas que la source qu'ils croient voir provient de leurs propres illusions mentales, ces animaux ne réalisent pas qu'il n'y a pas de source. De la même manière, Mahamati, les ignorants et les esprits simples, impressionnés par diverses spéculations et diverses discriminations erronées depuis un passé immémorial, brûlant du feu de l'avidité, de la colère et de la folie, ravis par un monde de formes multiples, leurs pensées saturées d'idées de naissance, de destruction, de subsistance, sans bien comprendre la signification de concepts comme « existant » « non-existant », « intérieur et extérieur », ces ignorants et ces esprits simples tombent dans l'erreur de s'accrocher à des idées de moi et autrui, d'être et non-être comme si elles étaient des réalités.

Mahamati, c'est comme la cité des Gandharvas que les sots prennent pour une cité réelle bien qu'il n'en soit rien. Cette cité apparaît à cause de leur attachement au souvenir d'une cité préservée en germe depuis un temps immémorial. Cette cité n'est ainsi ni existante ni non-existante. De la même manière, Mahamati, ces sots s'accrochent au souvenir (vasana) de spéculations et de doctrines erronées depuis un temps immémorial, tiennent beaucoup à leurs idées de moi et autrui, être et non-être et ils ne se rendent pas compte de ce que l'on voit du Mental Cosmique. Mahamati, c'est comme quelqu'un qui rêve d'un pays où l'on voit des femmes, des hommes, des éléphants, des chevaux, des voitures, des piétons, des villages, des villes, des hameaux, des vaches, des buffles, des châteaux, des montagnes, des fleuves et des lacs ; il entre dans son habitation et se réveille. En se réveillant, il se rappelle la ville et son habitation. Qu'en penses-tu, Mahamati, est-ce une personne que l'on doit considérer comme une personne sage, celle qui se remémore les choses irréelles qu'elle a vues en rêve ? »

Mahamati dit :

« — Bien sûr que non, Bienheureux. »

Le Bienheureux poursuivit :

« — De la même manière, les ignorants et les esprits simples, emprisonnés par des vues erronées et penchant du côté des philosophes, ne reconnaissent pas que les choses du Mental lui-même que l'on voit, sont comme un rêve et ils s'accrochent aux notions de moi et autrui, d'être et de non-être.

Mahamati, c'est comme la toile d'un peintre sur laquelle il n'y a pas de vallées ni de montagnes comme l'ignorant se l'imagine. De la même manière, Mahamati, il pourra y avoir, dans l'avenir, des gens éduqués avec l'énergie-habitude et la mentalité et l'imagination basées sur les vues erronées des philosophes ; attachés à l'idée de moi et autrui, à l'idée des deux à la fois et de leur négation, ils risquent de courir à la ruine et d'y entraîner les autres ; ils sont prêts à taxer de nihilisme ceux qui professent la doctrine de la non-naissance en dehors de celle d'être et non-être. Ils s'élèvent contre la notion de cause et d'effet, ils cultivent des vues mauvaises qui vont les priver des mérites d'une pureté sans tache. Ce sont des gens dont doivent s'écarter ceux qui recherchent les choses valables. Leurs pensées sont emprisonnées dans l'erreur du moi, d'autrui, des deux à la fois, emprisonnés dans l'erreur d'imaginer l'être et le non-être, l'assertion et la réfutation ; finalement, ne leur restera que l'enfer.

Mahamati, c'est comme ceux qui ont la vue mauvaise et qui, voyant un filet à cheveux, s'exclameraient entre eux, en disant : « C'est merveilleux ! C'est merveilleux ! Regardez ! Honorables Seigneurs ! » Mais, le filet en question n'a jamais existé. Ce n'est, en fait, ni une entité ni une non-entité parce qu'il est à la fois vu et non vu. De la même manière, Mahamati, ceux qui s'adonnent à la discrimination des vues erronées chères aux philosophes et qui s'attachent aux idées réalistes d'être et de non-être, de moi et d'autrui, des deux à la fois et de leur négation, ceux-là contredisent le bon Dharma et finiront par leur propre destruction ainsi que par celle des autres.

Mahamati, c'est comme une roue de feu qui n'est pas une roue réelle mais que les ignorants voient comme telle, contrairement aux sages. De la même manière, Mahamati, ceux qui tombent dans les vues erronées des philosophes, s'imaginent faussement que, dans l'apparition des êtres, s'exprime la réalité de moi et autrui, des deux à la fois et de leur négation.

Mahamati, c'est comme ces bulles d'eau dans la pluie qui ressemblent à des cristaux ; l'ignorant, qui les prend pour de réels cristaux, essaye de les attraper. Mahamati, ce ne sont pourtant que des bulles d'eau et non des cristaux ; ce ne sont pas non plus des non-cristaux ; car ils sont vus comme des non-cristaux par une partie des spectateurs et comme des cristaux par l'autre partie. De la même manière, Mahamati, ceux qui sont formés par l'énergie-habitude des philosophes avec leurs discriminations verront les choses nées comme non existantes et les choses détruites par le mécanisme de la causalité comme existantes.

XXXVII

Allons plus loin, Mahamati. Il y a quatre sortes de Dhyanas. Quels sont-ils ? Ce sont : 1) Le Dhyana pratiqué par les ignorants. 2) Le Dhyana réservé à l'examen de la signification. 3) Le Dhyana de la Réalité-Quiddité (anglais : suchness, sanskrit : tathata) et 4) Le Dhyana des Tathagatas.

Qu'entend-on par Dhyana pratiqué par les ignorants ? C'est celui qui est pratiqué par les yogis s'exerçant dans la discipline des Sravakas et des Pratyekabouddhas ; ceux-ci perçoivent qu'il n'y a pas de substance-ego, que les choses sont caractérisées par l'individualité et le général, que le corps est une ombre et un squelette transitoire, douloureux et impur ; néanmoins, ils s'attachent à ces notions en les contemplant telles qu'elles sont et non autrement et, en s'appuyant sur elles, ils avancent progressivement jusqu'au moment où ils parviennent à la cessation où la pensée s'arrête. Ceci est le Dhyana pratiqué par les ignorants.

Mahamati, qu'entend-on maintenant par Dhyana réservé à l'examen de la signification ? C'est un Dhyana pratiqué par ceux qui, ayant transcendé l'impersonnalité des choses, individuelles et générales, ayant transcendé l'irrecevabilité d'idées telles que le moi, autrui, les deux à la fois, soutenues par les philosophes, se mettent en mesure d'examiner et d'observer la signification des différents aspects de l'impersonnalité des choses et les stades de la Bodhisattva-ité. Ceci est le Dhyana réservé à l'examen de la signification.

Mahamati, qu'entend-on par Dhyana de la Réalité-Quiddité ? Lorsque le yogi reconnaît que la discrimination des deux formes d'impersonnalité est pure imagination et que là où il s'établit dans la réalité de la quiddité (fait que les choses sont ce qu'elles sont), aucune discrimination n'apparaît. J'appelle cela le Dhyana de la Réalité-Quiddité.

Qu'entend-on, Mahamati, par Dhyana des Tathagatas ? Lorsque le yogi, parvenant au stade de Tathagata et établi dans la triple félicité qui caractérise la réalisation intérieure procurée par la noble sagesse, se voue à une activité inconcevable pour le bien de tous les êtres, j'appelle cela le Dhyana des Tathagatas.

On peut donc dire :

Il y a le Dhyana de l'examen de la signification, celui qui est pratiqué par les ignorants, le Dhyana de la Réalité-Quiddité et le pur Dhyana des Tathagatas.

Le yogi, pendant son exercice, voit la forme du soleil ou de la lune ou quelque chose qui ressemble à un lotus, ou le monde souterrain ou diverses formes comme le ciel, le feu, etc. Toutes ces apparences le mènent à la voie des philosophes ; elles le jettent dans l'état de Sravaka ou au royaume des Pratyekabouddhas. Lorsque ces apparences sont écartées et que les images ont disparu, se présente alors un état conforme à Tathata (la réalité-quiddité) ; et les Bouddhas vont arriver tous ensemble de leurs régions différentes et leurs mains lumineuses vont se poser doucement sur la tête du méditant.

LXVIII

Ce jour-là, Mahamati le Bodhisattva-Mahasattva, demanda au Bienheureux d'expliquer l'attachement à l'existence de toutes choses profondément enraciné en l'homme et le moyen de s'en débarrasser, en disant : « —Parlez-moi, je vous prie, Bienheureux, parlez-moi, Tathagata, Arhat, Pleinement Éveillé, des caractéristiques de notre attachement si profond à l'existence et du moyen de nous en défaire.

Lorsque moi et les autres Bodhisattva-Mahasattvas comprendrons clairement la distinction entre attachement et détachement, nous saurons quels moyens habiles employer et ne serons plus attachés aux mots par lesquels nous saisissons la signification des choses.

Lorsque nous comprenons vraiment ce que signifie l'attachement à l'existence des choses et le détachement de celles-ci, nous avons supprimé la discrimination des mots et des signes écrits ; et, par le moyen de notre sagesse (buddhi), nous entrons dans toutes les terres et les assemblées de Bouddhas ; soyons bien marqués du sceau des pouvoirs, du contrôle de nous-mêmes, des facultés psychiques, pratiquons la récitation des Dharanis ; et, bien pourvus de sagesse (buddhi), ayant prononcé les dix vœux inépuisables et brillant des multiples rayons du Corps de Transformation, comportons nous sans efforts, tels la lune, le soleil, les joyaux, et les éléments ; professons à chaque stade des vues libérées de tous signes de discrimination ; et voyant que toutes choses sont comme un rêve, comme Maya, etc., nous serons en mesure de nous placer au stade et à l'endroit de la Bouddhéité, en faisant des sermons sur le Dharma, dans le monde de tous les êtres, en accord avec leurs besoins, pour les libérer de la notion dualiste de l'être et du non-être en contemplant toutes choses, rêve et Maya et pour les libérer de la fausse discrimination de la naissance et de la destruction ; pour finir, nous pourrons parvenir à la plus grande révolution, au plus profond de notre conscience, ce qui est au-delà de ce que peuvent exprimer les mots. »

Le Bienheureux dit :

« — Bien dit, bien dit ! Mahamati. Maintenant, écoute bien ce que je vais te dire, Mahamati, et réfléchis. Je vais parler. »

Mahamati, le Bodhisattva-Mahasattva dit :

« — Bien sûr, Bienheureux, je vous écoute. »

Le Bienheureux lui dit alors ceci :

« — Mahamati, incommensurable est notre profond attachement à l'existence des choses, ces choses que nous cherchons à comprendre par les mots. Il y a, par exemple, profondément enraciné, un attachement aux marques de l'individualité, à la causalité, à la notion d'être et de non-être, à la discrimination entre naissance et non-naissance, de cessation et non-cessation, de véhicule et de non-véhicule, de Samskrita et Asamskrita, des caractéristiques des stades et des non-stades. Il y a l'attachement à la discrimination elle-même, l'attachement à l'illumination, l'attachement à la discrimination être et non-être de laquelle les philosophes dépendent tellement, et l'attachement au triple véhicule et au véhicule unique qu'ils distinguent.

Tels sont, Mahamati, les attachements profondément enracinés, liés aux discriminations entretenues par les ignorants et les esprits simples. Fortement attachés à ces discriminations, les ignorants et les esprits simples continuent à discriminer sans relâche, comme le ver à soie qui s'enroule dans son propre fil de discrimination et d'attachement, non seulement eux-mêmes mais aussi les autres et ils y trouvent leur plaisir ; ainsi, ces ignorants et ces esprits simples continuent à s'attacher fortement aux notions d'existence et de non-existence. (Mais en réalité), Mahamati, il n'y a ici pas de signes d'attachement profond ni de détachement. Toutes choses doivent être vues comme résidant dans la Solitude où il n'y a aucun processus de discrimination. Mahamati, le Bodhisattva-Mahasattva devrait se tenir en un endroit où il puisse voir toutes choses du point de vue de la Solitude.

De plus, Mahamati, lorsqu'il comprend que l'existence et la non-existence du monde extérieur proviennent de la vue du Mental lui-même qui les voit — le Bodhisattva peut alors parvenir à l'état sans image où il n'y a que le Mental Cosmique et où il peut pénétrer du regard dans la Solitude, principe fondamental de la discrimination de toutes choses (être et non-être) et également principe de l'attachement profond qui découle de la discrimination. Ceci étant, il n'y a, en toutes choses, aucun signe d'attachement ou de détachement. Ici, Mahamati, personne n'est asservi, personne n'est émancipé ; sauf ceux qui, par une sagesse faussée, acceptent l'asservissement et l'émancipation. Pourquoi ? Parce que, en aucune chose, il ne faut voir l'être ou le non-être. De plus, Mahamati, il y a trois attachements profondément enracinés chez les ignorants et les esprits simples. Ce sont l'avidité, la colère et la folie ; ainsi, il y a le désir qui procrée et s'accompagne de joie et de convoitise ; intimement relié à ce processus, surgit une succession de naissances dans les cinq domaines (voies). Ainsi, il y a cinq domaines de l'existence pour tous les êtres qui se trouvent étroitement attachés (à la convoitise, à la colère et à la folie). Lorsque l'on est écarté de cet attachement il n'y a plus de signes d'attachement ou de non-attachement.

V

RYOGONKYO OU LE SOUTRA SURANGAMA
(SOUTRA DE L'ACTION HÉROÏQUE)

Il y a dans le Tripitaka chinois deux soutras qui portent le titre de Surangama mais qui sont entièrement différents l'un de l'autre.

Le premier a été traduit en chinois par Kumarajiva entre 402 et 412. Il comporte deux fascicules. Le second comporte dix fascicules et a été traduit par Paramîti en 705. Et c'est celui qui est retenu par le Zen et également par le Shingon. Il est employé par le Shingon parce qu'il contient un mandala et un mantra appelé « Sitatarapatala », (ombrelle blanche) dont la récitation pendant le Samadhi est destinée à aider le yogi, celui-ci se trouvant ainsi mis à l'abri des esprits malins par l'intervention des Bouddhas et des dieux. Mais le courant général de pensée dans ce soutra est plutôt zen que shingon. Il est tout à fait naturel que les commentaires qui ont été faits sur ce soutra appartiennent à l'école zen. Les termes employés ici sont quelque peu inhabituels particulièrement ceux qui décrivent le Mental. Ce soutra est peut-être un des ouvrages tardifs du Mahayana en Inde. Il traîte de sujets hautement complexes. En voici un résumé :
1. Le soutra commence par l'aventure d'Ananda avec une sorcière appelée Matanga qui, par son charme magique, l'attire dans sa demeure. Le Bouddha, voyant ce qui arrive à Ananda, de son œil surnaturel, envoie Manjusri pour le sauver et le lui ramener. Ananda, horriblement contrit, souhaite recevoir un supplément d'instruction sur l'art de contrôler le mental. Le Bouddha lui répond que toute discipline spirituelle doit provenir d'un cœur sincère et que, dans la vie, l'érudition n'a pas de valeur pratique, en particulier quand il s'agit de l'expérience religieuse. Ananda avait une bonne érudition mais pas de Samadhi suffisant pour résister à l'influence d'une sorcière.

2. La raison pour laquelle nous sommes soumis au cycle éternel de la naissance et de la mort et aux souffrances qui en découlent — est notre méconnaissance de l'origine de la naissance et de la mort ; c'est dire que l'essence du Mental se perd dans le processus causal qui gouverne ce monde d'objets particuliers où elle est oubliée. L'essence du Mental est diversement définie comme quelque chose d'original, de mystérieux, de mystérieusement brillant, de lumineux, de vrai, de parfait, clair comme un joyau, etc. Il ne faut pas la confondre avec notre mental empirique car elle n'est pas l'objet d'une discrimination intellectuelle.

Ananda est prié de découvrir cette essence du Mental. Mais, comme son mental se meut au niveau de notre expérience relative, il ne parvient pas à donner une réponse satisfaisante. Il poursuit des événements objectifs soumis à la naissance et à la disparition ; jamais il ne réfléchit dans les profondeurs de son être pour essayer de trouver le Mental brillant et lumineux qui pourtant lui permet de faire toutes les expériences qu'il connaît.

3. Un Bodhisattva lui-même ne peut saisir cette Essence mystérieusement transparente dans un monde d'objets individuels. Il lui est impossible de prouver qu'elle est réelle au moyen de son intelligence discriminatoire. Elle n'est pas là. Mais il est évident que l'Essence est présente puisque l'œil voit, l'oreille entend, le mental pense. Toutefois, on ne peut la découvrir comme on trouve un objet individuel ou une idée objective ou subjective ; car elle n'a pas d'existence dans le sens que nous donnons à l'existence d'un arbre, du soleil, d'une vertu ou d'une pensée. Néanmoins, tous ces objets et ces pensées sont présents dans l'Essence du Mental, véritable, originelle et mystérieusement brillante. L'existence de notre corps et de notre mental n'est possible que si elle est reliée à l'Essence du Mental.

4. C'est parce que, depuis un temps immémorial, nous courons après les objets sans savoir où se trouve notre Moi que nous avons perdu la trace du Mental Originel et que nous sommes constamment tourmentés par le monde objectif que nous sentons plein de menaces à notre égard et que nous considérons tantôt comme bon, tantôt comme mauvais, tantôt comme vrai, tantôt comme faux, tantôt comme agréable, tan-

tôt comme désagréable. Ainsi, nous sommes les esclaves des choses et des circonstances. Le Bouddha nous conseille de prendre une attitude exactement inverse. Laissons les choses nous suivre et attendre nos décisions. Que le véritable Moi dirige tous nos rapports avec le monde. Notre corps et notre mental garderont leur qualité originelle brillante. Et, sans nous écarter de ce siège d'illumination, nous serons capables de révéler les mondes des dix régions sur une pointe de cheveu.

5. Manjusri est Manjusri ; il est absolu tel qu'il est ; il n'a pas besoin d'être affirmé, non plus d'être nié. Toutes affirmations et toutes négations se basent sur la vérité de cette identité absolue et ce n'est rien d'autre que l'Essence du Mental originellement lumineuse. Découlant de cette Essence, toutes les conditions qui font le monde des sens sont remplies ; nous voyons, nous entendons, nous sentons, nous apprenons et nous pensons.

6. La loi de causalité appartient à un monde d'opposés. Elle ne peut pas s'appliquer à l'Essence originellement brillante et lumineuse. On ne peut pas dire non plus qu'elle est une « activité spontanée » car cela supposerait l'existence d'une substance individuelle concrète dont elle serait un attribut. Si nous définissons l'Essence de manière affirmative ou négative, il ne s'agit plus de l'Essence. Elle est indépendante de toute forme, de toute idée mais nous ne pouvons pas dire qu'elle n'en dépend pas aussi. Elle est le Vide absolu, sunyata ; c'est pour cela même que toutes choses sont possibles en elle.

7. Le monde (y compris le mental) est divisible en cinq skandhas (agrégats), six Praveshas (accès), douze Ayatanas (sièges) et dix-huit Dhatus (royaumes). Ils viennent tous à l'existence lorsque les conditions ont mûri et ils disparaissent lorsque les conditions cessent. Toutes ces existences et ces conditions prennent place de façon illusoire dans le Tathagatagarbha (autre nom de l'Essence du Mental). C'est seulement celui-ci qui brille éternellement en tant que Réalité-Quiddité lumineuse, dominant et impassible. Dans cette Essence de vérité éternelle, il n'y a pas le moindre mouvement d'aller et venir, ni d'esprit confus ou illuminé, ni mort ni naissance ; l'intellect ne peut absolument pas l'atteindre et l'expliquer car elle se trouve au-delà des catégories de la pensée.

8. Le Tathagatagarbha est en lui-même parfaitement pur et

souverain et sa formule est la suivante : la forme est le vide et le vide est la forme. Rupam sunyata, sunyateva rupam. Ceci étant, l'Essence (qui est le Tathagatagarbha) se révèle harmonisée avec les pensées et les dispositions des êtres, selon les degrés infiniment variés de leur connaissance et aussi selon leur karma. Bien quelle soit impliquée dans l'évolution d'un monde de multiplicités, l'Essence en elle-même ne perd jamais sa pureté originelle, son brillant ou son vide, ces termes étant tous synonymes.

9. La connaissance d'un monde objectif ne résulte ni des objets ni des sens ; ce n'est pas non plus un simple accident ; ce n'est pas une illusion. Pour que cette connaissance se produise, le concours de plusieurs conditions ou de plusieurs facteurs est nécessaire. Mais une simple combinaison de ces conditions et facteurs n'est pas suffisante. Il faut qu'elle se fasse dans l'Essence originellement pure, brillante et lumineuse, qui est la source de la connaissance.

Quand ces conditions sont réalisées, les mondes des dix régions y comprise notre propre existence, nous apparaissent comme autant de particules de poussière qui flottent, naissent et disparaissent telles de l'écume, dans l'immense vide de l'espace éternellement habité par l'Essence une et lumineuse du Mental.

10. Question : Alors que le Tathagatagarbha est en lui-même si pur et immaculé, comme se fait-il que nous ayons ce monde de montagnes, de fleuves et autres formes composites, soumis à des changements et des transformations incessants ?

Ce doute provient d'une absence de compréhension concernant la nature absolue de la pureté de l'Essence. Car la pureté dont il s'agit ici n'est pas une pureté relative, basée sur une conception dualiste de la réalité. L'Essence n'est ni dans le monde ni du monde ni hors du monde. Par conséquent, la question posée, parce qu'elle repose sur une interprétation dualiste de la réalité, est parfaitement hors de propos quand elle s'applique à la nature de l'Essence et à sa relation avec le monde.

De là, ce remarquable postulat : le Tathagatagarbha, mystérieusement brillant et lumineux en tant qu'Essence du Mental, ne doit pas être identifié avec le monde et il ne doit pas non plus ne pas être identifié avec le monde ; il est à la fois cela et non pas cela.

11. Yajnadatta, citoyen de la ville de Sravati, se regardant un matin dans la glace, fut fort surpris d'y voir un visage ravissant des plus charmants. Il crut que sa tête avait disparu et cela le rendit fou. Cette histoire est faite pour donner un exemple de la bêtise qu'il y a à s'attacher à la connaissance relative provenant de l'opposition sujet-objet. Lorsque nous nous y attachons comme si c'était une valeur absolue, c'est un monde à l'envers qui nous apparaît. Le visage originel radieux et charmant nous appartient à tous si nous réalisons ce fait en réfléchissant en profondeur au lieu de courir après des chimères.

12. Ananda désire maintenant savoir comment pénétrer dans le magnifique château qui, lui a-t-on dit, est le sien. Il ne possède pas la clef de la porte d'entrée. Le Bouddha lui enseigne qu'il y a deux manières d'entrer, à utiliser conjointement car elles sont complémentaires. L'une s'appelle Samatha, l'autre Vipasyana. Samatha signifie « tranquillisation » et vipasyana « contemplation ».

Avec Samatha, le monde des formes est coupé de notre conscience, ce qui prépare l'approche de la réalisation du stade final de l'illumination. Quand le mental est confus et distrait, c'est un mauvais instrument pour la contemplation. Avec Vipasyana, le yogi doit éveiller d'abord le désir de parvenir à l'illumination et une détermination farouche de mener la vie du Bodhisattva. Il lui faut se faire une idée très claire de ce qui produit les passions mauvaises car elles sont toujours prêtes à intervenir dans le Tathagatagarbha.

13. Lorsque la source des passions mauvaises est trouvée, avec l'aide de Prajna, on entre dans le sanctuaire intérieur où les six sens sont confondus. Il suffit que Prajna pénètre le sens auditif, comme ce fut le cas pour le Bodhisattva Kwannon, pour que les distinctions des six sens s'effacent ; c'est-à-dire que l'on débouche sur une expérience dénommée « interpénétration parfaite ». L'oreille ne se contente pas d'entendre, elle voit, elle perçoit les odeurs et elle sent. Toutes les barrières entre les fonctions sensorielles ont disparu et il se fait entre elles une pénétration totale ; chaque vijnana fonctionne pour les autres.

Le Bouddha dit à Rahula de sonner la cloche et demande à l'assemblée ce qu'on entend. Tous disent qu'ils entendent la cloche. La cloche sonne encore une fois et ils disent encore qu'ils entendent un son ; et quand la cloche cesse de sonner, il n'y a plus de son. Cet échange de questions et de réponses se répète plusieurs fois ; pour finir, le Bouddha leur déclare qu'ils ont tous tort car ils ne font que poursuivre ce qui ne leur appartient pas en propre, oubliant complètement leur Essence intérieure qui fonctionne par le moyen de ces instruments ou de ces conditions objectives. C'est l'Essence qu'il faut saisir et non l'audition ni le son. Prendre ce dernier pour une réalité résulte d'une mentalité perturbée. La pratique de Vipasyana efface cette erreur et l'Essence du Mental sera toujours perçue dans toutes les fonctions d'un mental empirique aussi bien que dans tous les phénomènes du monde soi-disant objectif. Par cette saisie de l'Essence du Mental, on parvient à une « interpénétration parfaite » des six Vijnanas, ce qui constitue l'Illumination.

14. Le fondement de la naissance et de la mort se trouve dans les six Vijnanas et ce qui nous permet d'atteindre à la réalisation de la pénétration parfaite réside également dans les six Vijnanas. Rechercher l'illumination, l'émancipation ou le Nirvana ne consiste pas à en faire des valeurs séparées ou indépendantes des agents particularisants que sont les sens. Si l'on cherche le Nirvana en dehors des sens, on ne le trouvera nulle part ou plutôt, il devient l'un des objets particuliers et cesse d'être ce qu'il est en lui-même. C'est pourquoi, dans tous les soutras du Mahayana, il est continuellement question de l'inaccessibilité de Sunyata.

Dans la véritable Essence, il n'y a ni samskrita (créé) ni asamskrita (incréé) ; ces deux notions sont comme Maya ou comme des fleurs hallucinatoires. Lorsque vous essayez de manifester le vrai avec du faux vous les rendez faux tous les deux. Si vous essayez d'expliquer l'objet par le sujet et vice versa, vous créez un monde d'opposés sans fin pour ne rien saisir de réel. Pour parvenir à la pénétration parfaite, il faut laisser toutes les oppositions (ou les nœuds, comme on les appelle) se dissoudre et la libération survient. Mais, s'il reste quelque part le moindre attachement quel qu'il soit et si s'affirme ainsi un mental-ego, l'Essence s'échappe, le mystérieux lotus se flétrit.

15. Ensuite, le Bouddha demande à quelques-uns des principaux personnages de l'assemblée de raconter leur expérience de parfaite interpénétration. Celle de Kwannon est considérée comme la plus remarquable. Elle s'est produite par le sens de l'audition comme le nom du Bodhisattva l'indique. Elle le mène à l'illumination de la conscience obtenue par tous les Bouddhas et il est maintenant l'Amour incarné. Mais, en même temps, il s'identifie à tous les êtres des six domaines de l'existence en connaissant ainsi tous leurs sentiments intérieurs et toutes leurs aspirations ; il parvient alors à l'amour du Bouddha. Kwannon a ainsi le pouvoir de se révéler partout où son aide est souhaitée et à tous ceux qui l'entendent. Tout le contenu du soutra de Kwannon se trouve ici pleinement confirmé.

16. L'érudition, dans l'étude du bouddhisme, n'a pas grande valeur comme on peut le voir dans le cas d'Ananda qui, soumis au charme magique d'une courtisane, allait commettre l'une des fautes les plus graves. Dans la pratique du Samadhi, on a un grand besoin du contrôle du mental qui est Sila (préceptes de morale). Sila consiste à se débarrasser des pulsions sexuelles, des tendances au meurtre des êtres vivants, de l'envie de prendre ce qui appartient à autrui et du désir de manger de la viande. Lorsque ces pulsions sont domptées victorieusement, on peut réellement pratiquer la méditation permettant la réalisation de Prajna ; et c'est Prajna qui nous conduit à l'Essence lorsque la parfaite interprénétration des six vijnanas est accomplie.

17. Nous arrivons ici à la partie ésotérique du soutra Surangama ; il y a la description d'un mandala accompagnée du mantra. Dans ce mandala, le Samadhi se pratique pendant trois semaines ou cent jours ; à la fin de cette période, ceux qui sont doués peuvent parvenir à l'état de Srotapanna.

18. Vient ensuite la description de plus de cinquante stades de réalisation menant à l'illumination finale et au Nirvana, puis, nous trouvons une description des effets de divers karmas menant les êtres à plusieurs formes de tortures en enfer ; et des causes par lesquelles les êtres sont transformés en diverses variétés d'esprits malins ou de formes bestiales. Cependant,

ces créatures reviennent au monde humain une fois que leurs péchés sont expiés. Il y en a qui deviennent des ascètes ou des êtres célestes.

19. Pendant la méditation, il arrive au yogi de recevoir la visite de toutes sortes d'esprits mauvais et d'être l'objet d'hallucinations de diverses natures. Ces phénomènes sont dûs à des dérangements nerveux trés sérieux et il est conseillé de s'en garder soigneusement.

Lorsque le méditant a dominé ces perturbations mentales, il parvient à un état de tranquillité où sa conscience conserve son identité pendant la veille aussi bien que pendant le sommeil. Un psychologue moderne dirait qu'il n'est plus troublé par des idées enterrés, profondément refoulées dans l'inconscient ; en d'autres termes, il ne rêve pas. Sa vie mentale est parfaitement claire et calme comme un ciel bleu sans nuages. Dans le miroir mental du yogi se reflètent sereinement le monde avec sa terre déployée, ses montagnes vertigineuses, les lames de l'océan, ses fleuves sinueux et son infinie variété de couleurs et de formes. Le miroir accepte tout cela sans pour autant en être sali ; rien qu'une Essence brillante et lumineuse. La source de la naissance et de la mort est ici pleinement révélée. Le yogi sait où il est ; il est émancipé.

20. Mais, ce n'est pas tout. Le yogi doit être entraîné philosophiquement, en plus de ses expériences et de ses intuitions, pour posséder une compréhension de l'Essence claire, logique et pénétrante. Lorsque cette éducation philosophique est effectuée convenablement, il ne risquera pas d'être infecté par les idées fausses de philosophes fourvoyés. Concurremment à l'entraînement en Samatha, le développement de Vipasyana ne saurait trop être recommandé.

Chapitre IV

MAÎTRES ZEN CHINOIS

Il existe une immense littérature dont il faut dire qu'elle est spécialement zen à cause de son style et de sa terminologie. Avant l'époque de Hui-neng (japonais : Yeno) et de ses disciples immédiats, il était difficile de distinguer, sur le plan de l'écriture, les traités spécifiques du Zen du reste de la littérature bouddhique. Mais, au cours des siècles, s'est constitué ce que nous appelons maintenant le Yu-lu (japonais : goroku), recueils de dires, de sermons, de « gathas » ou poèmes et autres œuvres littéraires d'un maître zen. A dire vrai, le Yu lu ou Goroku ne se limite pas au Zen. Une de ses particularités principales est qu'il emploie librement des expressions familières qu'on ne trouve pas dans la littérature classique chinoise. C'est dans la mesure où le Zen s'adresse à l'expérience directe que l'abstraction apparaît à un maître zen par trop inepte.

MAÎTRES ZEN CHINOIS

I

BODHIDHARMA
LA DOUBLE ENTRÉE DE LA VOIE DU TAO[1]

Il y a de nombreuses manières d'entrer sur la Voie. Mais, en raccourci, il n'y en a que de deux sortes. L'une est l'« Entrée par la Raison », l'autre l'« Entrée par la Conduite »[2]. Par « Entrée par la Raison », nous entendons la réalisation de l'esprit du Bouddhisme avec l'aide des enseignements scripturaires. Nous en venons alors à éprouver une foi profonde dans la Nature Véritable qui est la même chez tous les êtres sensibles. Le fait qu'elle ne se manifeste pas est dû au caractère dominant des objets extérieurs et des pensées erronées.

Quand on abandonne le faux et qu'on embrasse le vrai et que, avec une pensée unifiée, on pratique le Pi-kuan[3], on s'aperçoit qu'il n'y a ni moi ni rien d'extérieur au moi, que les masses et la haute société sont d'une seule essence et c'est une vue que l'on conserve définitivement sans plus s'en écarter.

On n'est plus l'esclave des mots parce qu'on est en communion silencieuse avec la Raison elle-même, libre de discrimination conceptuelle. On est serein et non agissant. Ceci s'appelle l'« Entrée par la Raison ».

---

1. Transmission de la Lampe XXX.
2. « Entrée par la Raison » peut aussi être traduit par « Entrée par l'Intuition Supérieure ». Et « Entrée par la Conduite » par « Entrée par la Vie Pratique ».
Note du Traducteur : malgré toute notre admiration pour le Professeur Suzuki, nous ne pouvons nous empêcher de penser que le mot Raison est une bien mauvaise traduction européenne pour un concept chinois, probablement intraduisible dans nos langues. Il s'agit plutôt, comme il le dit lui-même dans la note, d'intuition de très haut niveau. Nous insistons sur cette précision.
3. « Méditation face à un mur ».

L'« Entrée par la Conduite » implique les Quatre Actions en lesquelles toutes les autres actions sont incluses. Quelles sont elles ? 1) Savoir comment répondre à la haine. 2) Obéir au Karma. 3) Ne rien désirer. 4) Et être en accord avec le Dharma.

1. « Comment répondre à la haine. »

Celui qui suit la discipline de la Voie, ayant à affronter des conditions adverses, doit penser ceci : « Depuis un passé immémorial j'ai traversé une multitude d'existences, me consacrant sans cesse à des détails sans importance de la vie au détriment des valeurs essentielles, créant ainsi des occasions innombrables de haine, de mauvaise volonté et de mauvaises actions. Bien que, en cette vie, je n'aie commis aucune violation (du Dharma), les fruits de mes mauvaises actions dans le passé doivent maintenant être récoltés. Ni les dieux ni les hommes ne peuvent prédire ce qui m'attend. Je me soumettrai de bonne grâce et patiemment à tous les maux qui m'échoiront et je ne gémirai ni ne me plaindrai. Le Soutra m'enseigne que je ne dois pas me soucier des maux qui peuvent m'arriver. Pourquoi ? Parce que lorsque les choses sont envisagées par une intelligence supérieure, les fondements de la causalité sont atteints. »

Lorsqu'on s'éveille à cette manière de penser, on se trouve en accord avec la Raison parce qu'on fait alors le meilleur usage de la haine et qu'on l'emploie dans la progression sur la Voie. C'est ce qu'on appelle la façon de « répondre à la haine ».

2. « Obéir au Karma. » Quelques soient les êtres apparaissant selon le jeu des conditions karmiques, aucun d'eux ne possède un moi (atman) ; le plaisir et la souffrance que j'éprouve sont aussi le résultat de mes actions passées. S'il m'arrive d'être récompensé par la fortune, les honneurs, etc., cela résulte de mes actes passés qui, par phénomène de causalité, affectent ma vie actuelle. Quand la force du karma est épuisée, le résultat dont je jouis maintenant va disparaître. Cela vaut-il donc bien la peine de se réjouir ? Gain ou perte, acceptons le karma qui m'apporte l'un ou l'autre ; c'est le Mental lui-même qui ne connaît ni accroissement ni diminution. Le souffle du plaisir (et de la souffrance) ne me fera pas bouger car je suis silen-

cieusement en harmonie avec la Voie. C'est pourquoi on appelle cela « obéir au Karma ».
3. « Ne rien désirer (ch'iu). » Les gens dans le monde, en proie à une éternelle confusion, sont partout attachés à une chose ou une autre et c'est ce qu'on appelle le désir. Mais l'homme sage comprend la vérité et ne ressemble pas à l'ignorant. Son mental demeure avec sérénité dans l'incréé alors que son corps se meut en accord avec les lois de la causalité. Toutes choses sont vides et il n'y a rien de désirable qu'il faille chercher. Où il y a le mérite de la clarté, se cache sûrement l'inconvénient de l'obscurité. Ce triple monde où nous restons beaucoup trop longtemps est comme une maison en feu ; tout ce qui a un corps souffre et personne ne sait vraiment ce qu'est la paix. Et c'est parce que les sages sont intimement persuadés de cette vérité qu'ils ne sont jamais attachés aux choses qui changent ; leurs pensées sont tranquillisées, ils ne désirent jamais rien. Le soutra dit : « Là où il y a le désir, il y a la souffrance ; cessez de désirer et vous serez bénis. » Ainsi, nous savons que ne rien désirer est bien la Voie de la Vérité. Par conséquent, il est enseigné de « ne rien désirer ».
4. « Etre en accord avec le Dharma. »

La Raison que nous appelons le Dharma est pure en essence. Cette Raison est le principe du Vide (sunyata) dans tout ce qui est manifesté ; elle est au-dessus des souillures et des attachements ; elle ne comporte pas de « moi », pas d'« autrui ». Le Soutra dit : « Dans le Dharma, il n'y a pas d'êtres sensibles parce qu'il est libre de la souillure de l'être ; dans le Dharma, il n'y a pas de ''moi'' parce qu'il est libre de la souillure de l'ego. » Lorsque les sages comprennent cette vérité et y croient, leur vie est « en accord avec le Dharma ».

Comme il n'y a, dans l'essence du Dharma, aucun désir de possession, les sages sont toujours disposés à pratiquer la charité avec leur corps, leur vie et ce qui leur appartient ; ils ne donnent jamais à contre-cœur, ils ignorent la mauvaise grâce. Comme ils ont une compréhension parfaite de la triple nature du vide, ils sont au-dessus de toute partialité et de tout attachement. C'est seulement parce qu'ils désirent débarrasser tous les êtres de leurs souillures qu'ils viennent vivre parmi eux mais ils ne sont pas attachés à la forme. C'est un trait de leur vie qui leur bénéficie. Cependant, ils savent également comment apporter des bienfaits aux autres et comment glorifier la vérité de l'illumination. Il en va pour cette vertu de charité comme pour les cinq autres vertus (de la Prajnaparamita). Les sages pratiquent les six vertus de perfection pour se libérer des pensées confuses et pourtant, ils n'ont pas vraiment conscience d'être engagés dans des actes méritoires. C'est ce qu'on appelle « être en accord avec le Dharma »[4].

II

INSCRIT SUR L'ESPRIT CROYANT
(SHINJIN-NO-MEI)[5]

1. La Voie Parfaite ne connaît pas de difficultés
Sinon qu'elle se refuse à toute préférence ;
C'est seulement lorsqu'il ne s'y trouve ni haine ni amour
Qu'elle se révèle dans sa plénitude et sans déguisement ;

---

4. Depuis cette traduction de la Transmission de la Lampe, deux manuscrits comportant notre texte ont été découverts à Tun-huang. L'un se place dans « Maîtres et Disciples du Lanka (Leng-chia Shihtzu Chi), déjà édité ; l'autre est encore à l'état de manuscrit mais nous projetons de le reproduire bientôt en fac-similé. Ces manuscrits diffèrent du texte que nous donnons ici sur des points de peu d'importance.
5. Par Seng-t'san (japonais : Sosan) mort en 606. Mind = hsin. Hsin est un des mots chinois qui défient la traduction. Lorsque les érudits indiens essayèrent de traduire en chinois les ouvrages écrits en sanskrit bouddhique, ils s'aperçurent qu'il y avait cinq catégories de termes sanskrits qui ne pouvaient être correctement rendus en chinois. C'est pour cela que nous trouvons dans le Tripitaka chinois des mots comme : prajna, bodhi, bouddha, nirvana, dhyana, bodhisattva, etc. presque toujours non traduits ; et ils apparaissent maintenant sous leur forme originale sanskrite dans la terminologie technique bouddhique. Si nous pouvions garder ici le mot hsin avec toutes ses nuances, cela nous éviterait les difficultés de traduction en langue européenne. Car hsin signifie « mental », « cœur », « âme », « esprit », séparément et tout à la fois. Dans le texte du Troisième Patriarche, ici, il y a parfois une connotation intellectuelle mais, en d'autres occasions, on peut traduire correctement par « cœur ». Mais, comme la tendance prédominante du Bouddhisme Zen est plus intellectuelle qu'autre chose, tout en n'étant pas logique ni philosophique, je me suis résolu ici à traduire hsin par « mental » plutôt que par « cœur » ; et, par ce « mental », je n'entends pas notre mental psychique, mais ce que l'on peut appeler mental absolu ou Mental avec une majuscule.

Une différence d'un dixième de pouce
Et le ciel et la terre sont séparés ;
Si vous voulez la voir de vos propres yeux,
N'ayez pas d'idées arrêtées, ni en sa faveur ni contre elle.

2. Opposer ce que vous aime à ce que vous n'aimez pas,
C'est la maladie de l'esprit :
Lorsque le sens profond de la Voie est incompris,
La paix de l'esprit est troublée sans raison.

3. La Voie est parfaite comme l'espace immense,
Rien n'y manque, rien n'y est superflu :
En fait, c'est lorsque l'on fait des choix
Que l'on perd sa perfection de vue.

4. Ne recherchez pas les complications extérieures,
Ne demeurez pas dans le vide intérieur ;
En toute sérénité dans l'unicité des choses,
Vous verrez que le dualisme s'évanouit de lui-même.

5. Quand vous essayez de parvenir à la tranquillité en arrêtant le mouvement,
La tranquillité ainsi obtenue est toujours en mouvement ;
Comment pouvez-vous réaliser l'unité
Tant que vous vous attardez dans le dualisme ?

6. Et lorsque l'unité n'est pas parfaitement comprise,
Il se produit une perte, des deux manières suivantes :
La négation de la réalité est son affirmation
Et l'affirmation du vide est sa négation[6].

---

6. Cela veut dire que quand on ne comprend pas correctement l'unité absolue des choses, la négation aussi bien que l'affirmation tend à être une vue partiale et partielle de la réalité. Quand les Bouddhistes nient la réalité du monde objectif, cela ne veut pas dire qu'ils croient au vide inconditionné des choses ; ils savent qu'il y a quelque chose de réel que l'on ne peut rejeter. S'ils soutiennent la doctrine du Vide, cela ne signifie pas que tout n'est qu'un vaste creux vide, ce qui est une contradiction. La philosophie du Zen évite l'erreur de la partialité inhérente à la fois au réalisme et au nihilisme.

7. La verbosité et l'intellectualisme ;
Plus nous les employons,
Plus nous faisons fausse route ;
Débarrassons-nous donc des mots et de l'intellectualisme,
Et il ne sera plus d'endroit où nous ne puissions passer librement.

8. Lorsque nous retournons à la source, nous acquérons le sens ;
Lorsque nous poursuivons les objets extérieurs, nous perdons la raison.
Au moment de notre illumination,
Nous dépassons le vide d'un monde qui nous confronte.

9. Les transformations qui ont lieu dans un monde vide, devant nous,
Nous apparaissent comme des réalités à cause de l'Ignorance :
N'essayez pas de chercher le vrai,
Cessez seulement de chérir des opinions.

10. Ne vous attardez pas dans le dualisme,
Évitez soigneusement de le poursuivre ;
Dès qu'il y a le juste et le faux,
La confusion s'ensuit et le Mental[7] est perdu.

11. Les deux existent à cause de l'Un,
Mais, ne vous attachez même pas à cet UN ;
Quand l'esprit n'est pas troublé
Les dix mille choses sont inoffensives.

12. Si elles sont inoffensives, les dix mille choses n'existent pas ;
S'il l'on n'est pas troublé, il n'y a pas de mental qui fonctionne :
Le sujet est tranquillisé quand l'objet cesse d'être,
Et l'objet cesse d'être quand le sujet est tranquillisé.

---

7. Le Mental = le Chemin = l'Un = le Vide.

13. L'objet est un objet pour le sujet,
Le sujet est un sujet pour l'objet :
Sachez que la relativité des deux
Repose, en fin de compte, sur le Vide unique.

14. Dans l'unité du Vide, les deux ne sont pas distingués
Et chacun des deux contient en lui-même les dix mille choses ;
Lorsqu'on ne fait pas de discrimination entre ceci et cela,
Comment pourrait-on avoir une vision limitée et préconçue ?

15. La Grande Voie est calme et magnanime,
Pour elle, il n'y a rien de facile ni rien de difficile ;
Les vues courtes sont hésitantes,
Plus on se presse, plus tard elles disparaissent.

16. L'attachement n'est jamais modéré,
Et va toujours dans la mauvaise direction ;
Abandonnez-le et les choses suivront leur cours normal,
Alors que l'Essence ne s'échappe ni ne demeure.

17. Obéissez à la nature des choses et vous serez en accord avec la Voie ;
Calmes, tranquilles et sans soucis ;
Mais quand vos pensées sont attachées,
Vous vous détournez de la Vérité ;
Elles s'alourdissent et s'enlisent
Et ne sont plus saines.

18. Quand les pensées ne sont plus saines, l'esprit se trouble ;
A quoi bon alors être partial et étroit de vues ?
Si vous voulez suivre le Véhicule Unique,
N'ayez pas de préjugés à l'encontre des six objets des sens.

19. Lorsque vous n'avez pas de préjugés à l'encontre des six objets des sens,
Vous devenez un avec l'Illumination ;
Les sages sont non agissants,
Tandis que les ignorants s'attachent eux-mêmes ;

BHADRAPALA, par Soyen
(Trésor national des Engakuji,
Kamakura, voir p. 167)

KANZAN *(HAN-SHAN) et* JITTOKU *(SHI-TE), par Kaihoku Yusho
(Trésor national de Myoshinji, Kyoto, voir p. 171)*

HAKUIN ZENJI
Autosculpture (voir p. 153)

BODHIDHARMA
(Ta-mo, Daruma, voir p. 74)

Alors que dans le Dharma lui-même, il n'y a pas d'individualisation,
Ils s'attachent par ignorance à des objets particuliers.
C'est leur propre mental qui crée les illusions.
N'est-ce pas là la plus grande de toutes les contradictions ?

20. Les ignorants chérissent l'idée de repos et d'agitation,
Les êtres illuminés n'ont ni préférences ni aversions ;
Toutes les formes de dualisme
Sont inventées par les ignorants eux-mêmes.
Ce sont des espèces de visions ou des fleurs dans le ciel ;
Pourquoi prendrions-nous la peine de les saisir ?
Gain et perte, justice et injustice,
Débarrassons-nous en une fois pour toutes !

21. Si l'un des yeux demeure éveillé,
Tous les rêves cesseront d'eux-mêmes :
Si le Mental conserve son caractère absolu,
Les dix mille choses sont d'une seule et même Perfection[8].

22. Lorsque le profond mystère de cette Perfection est pénétré,
D'un seul coup nous oublions les complications extérieures ;

---

8. Dans « Maîtres et Disciples du Lanka », nous trouvons aussi une poésie de So-san sur le « Mystérieux », très similaire à notre texte.
  « Une seul Réalité !
  Comme c'est profond, comme cela va loin !
  Les dix mille choses
  Quelle multitude troublante !
  Le vrai et le conventionnel y sont tout mélangés,
  Bien que, en essence, ils soient de la même substance.
  Le sage et l'ignorant sont évidemment différents l'un de l'autre,
  Mais, sur la Voie, ils sont un.
  Veux tu voir ses limites ?
  Comme elles sont loin !
  La Voie est sans limites !
  Comme dans le vague elle disparait !
  On ne parvient jamais au bout !
  Elle commence dans le temps sans commencement, elle finit dans le temps infini. »

Lorsque les dix mille choses sont considérées dans leur unité,
Nous retournons à l'origine et restons où nous avons toujours été.

23. Oublions le pourquoi des choses,
Et nous parviendrons à un état sans équivalent ;
Le mouvement s'est arrêté et il n'y a pas de mouvement,
Le repos est mis en mouvement et il n'y a pas de repos ;
Lorsque le dualisme n'a plus cours,
L'unité elle-même ne subsiste pas.

24. La fin des choses, là où elles ne peuvent pas aller plus loin,
N'est pas limitée par des règles et des mesures :
Dans le Mental en harmonie avec la Voie, il y a le principe d'identité,
Où nous trouvons tous les efforts relâchés ;
Les doutes et les irrésolutions ont complètement disparu,
Et la véritable foi est rétablie ;
Rien n'est oublié,
Rien n'est conservé,
Tout est vide, lucide, lumineux ;
Il n'y a pas d'efforts, pas de perte d'énergie.
C'est là que la pensée ne peut jamais parvenir,
C'est là que l'imagination ne peut s'exercer.

25. Au plus haut point du royaume de la véritable Perfection,
Il n'y a ni « moi » ni « autrui » :
Lorsque nous voulons l'identifier directement,
Nous ne pouvons que dire : « Pas deux »[9].

26. Comme il n'y a « pas deux », tout est identique,
Tout ce qui est y est inclus ;
Les sages des dix régions,
Entrent tous dans cette Raison Absolue.

---

9. Tat tvam asi (tu es Cela)

27. Cette Raison Absolue est au-delà de l'accélération du temps et de l'expansion de l'espace ;
Pour elle, un instant est dix mille ans ;
Que nous la voyons ou non,
Elle est partout manifeste dans les dix régions.

28. Les choses infiniment petites sont aussi grandes que les choses grandes,
Car ici les conditions extérieures n'ont pas cours.
Les choses infiniment grandes sont aussi petites que les petites choses,
Car les limites objectives n'ont ici pas cours.

29. Ce qui est est la même chose que ce qui n'est pas,
Ce qui n'est pas est la même chose que ce qui est :
Là où cet état de choses ne prévaut pas,
Surtout, ne vous y attardez pas.

30. Un en tout
Tout en Un,
Si seulement vous réalisez cela,
Vous n'avez plus à vous inquiéter de vos imperfections.

31. Là où le Mental et chaque mental croyant ne sont pas séparés,
Et non séparés chaque mental croyant et le Mental Cosmique,
C'est ici que les mots manquent ;
Car cela n'appartient ni au passé, ni au présent ni à l'avenir.

III

Extraits du Tan-Ching[10], de Hui neng

24. Mahaprajnaparamita est un terme sanskrit du pays de l'ouest (l'Inde) ; en langage des Tang, il signifie « sagesse

---

10. Exemplaire de Tun-huang, publiée par D.T. Suzuki, 1934. Hui-neng = Yeno, 637-712.

suprême, (chih-hui), l'arrivé sur l'autre rive ». Cette vérité (dharma = fa) doit être vécue ; il ne suffit pas de la proférer du bout des lèvres. Quand elle n'est pas vécue, elle n'est guère plus qu'une apparition. Le Dharmakaya du yogi est le Bouddha.
Qu'est-ce que Maha ? Maha veut dire « Grand » ou « Suprême ». Les pouvoirs du Mental sont larges, vastes comme le vide de l'espace. Etre assis en méditation, l'esprit vide, vous fait tomber dans le vide de l'indifférence. L'espace contient le soleil, la lune, les étoiles, les constellations, la terre, les montagnes et les fleuves. Herbes et plantes, hommes bons et mauvais, choses bonnes et mauvaises, cieux et enfers — tous sont compris dans l'espace vide. Le vide de la Nature Propre tel qu'il existe chez tous les hommes est exactement semblable.

25. La Nature Propre comporte en elle-même tous les objets ; c'est pour cela qu'elle est grande. Tous les objets sans exception sont de la Nature Propre. Tout en voyant les êtres humains et non humains tels qu'ils sont, bons et mauvais et les choses bonnes et mauvaises — elle ne les abandonne pas et ne perd pourtant rien de sa pureté ; elle est comme le vide de l'espace. Ainsi, on dit qu'elle est grande, c'est-à-dire Maha. Les ignorants prononcent ce mot avec les lèvres, les sages la vivent avec leur cœur. Il y a des gens à l'esprit confus ; ils s'imaginent que lorsqu'ils ont vidé leur mental de toute pensée, ils ont atteint une grande réalisation, ce qui est faux. Les capacités du Mental sont grandes ; lorsqu'elles ne sont pas accompagnées par la vie, elles sont petites. Ne vous contentez pas de prononcer les mots avec les lèvres. Ceux qui ne s'entraînent pas à vivre cette vie, ceux-là ne sont pas mes disciples.

26. Qu'est-ce que Prajna ? Prajna est chih-hui (la sagesse). Lorsque chacune de vos pensées est constamment dégagée de l'obscurité, lorsque vous vivez toujours en Chih-hui (= prajna, sagesse), cela s'appelle la vie de Prajna. Mais, lorsqu'une seule de vos pensées est obscurcie, Prajna cesse de fonctionner. Lorsqu'une seule de vos pensées est de chih, c'est-à-dire illuminée, alors Prajna règne. Malgré leurs esprits constamment obscurcis, les gens déclarent pourtant qu'ils

vivent Prajna. Prajna n'a pas de forme, elle n'est autre que l'essence (hsing) de chih-hui (la sagesse).

Qu'est-ce que Paramita ? C'est un terme sanskrit du pays de l'ouest (l'Inde). En langage des T'ang, il signifie « arrivé à l'autre rive ». Quand on en comprend le sens (sanskrit : artha), on est détaché de la naissance et de la mort. Si l'on est attaché au monde objectif (visaya), la naissance et la mort apparaissent, comme des vagues apparaissent à la surface de l'eau ; cela s'appelle « cette rive-ci ». Si l'on est détaché du monde objectif, il n'y a plus de naissance ni de mort ; c'est comme de l'eau qui suit régulièrement son cours : cela s'appelle « arriver à l'autre rive ». D'où le mot Paramita.

Les ignorants prononcent Prajna avec les lèvres ; les sages la vivent dans leur cœur. Lorsqu'on ne fait que prononcer Prajna des lèvres, à ce moment-là, il y a mensonge ; quand il y a mensonge, il n'y a pas de réalité. Mais quand Prajna est vécue en chacune de vos pensées, cela est la réalité. Ceux qui comprennent cette vérité comprennent la vérité de Prajna et pratiquent la vie de Prajna. Ceux qui ne pratiquent pas dans ce sens sont des gens ordinaires. Quand vous pratiquez ainsi et que vous le vivez, ne serait ce qu'en une seule de vos pensées, vous êtes l'égal du Bouddha.

Chers amis, les passions ne sont pas différentes de l'illumination (bodhi). Lorsque votre toute dernière pensée est confuse, votre mental est un mental ordinaire ; mais, dés que la pensée suivante est illuminée, vous êtes un Bouddha.

Chers amis, la Prajnaparamita est ce qu'il y a de plus honoré, de plus haut, de supérieur ; elle ne demeure nulle part, elle ne va nulle part, elle ne vient de nulle part ; tous les Bouddhas du passé, du présent et de l'avenir proviennent d'elle. Au moyen de la Sagesse Suprême (ta-chih-hui = mahaprajna) qui conduit à l'autre rive, les cinq skandhas, les passions et les innombrables folies sont détruites. Lorsqu'on suit cette discipline, on est un Bouddha et les trois passions (avidité, colère et folie) se transforment en moralité (sila), méditation (dhyana) et sagesse (prajna).

27. Chers amis, selon ma façon de comprendre cette vérité, 84 000 sagesses (chih-hui) sont produites à partir d'une seule Prajna. Pourquoi ? Parce qu'elles sont 84 000 folies. S'il n'y a pas de telles folies sans nombre, Prajna demeure éternelle,

sans être séparée de la Nature Propre. Celui qui voit cette vérité est libre de pensées, de souvenirs, d'attachements ; en lui, point de duperie ni de mensonge. C'est là que se trouve l'essence de la Réalité-Quiddité. Quand toutes choses sont vues à la lumière de la sagesse (chih-hui = prajna) il n'y a ni attachement ni détachement. Cela s'appelle « voir dans sa Propre Nature », et atteindre la vérité de la Bouddhéité.

28. Chers amis, si vous désirez entrer dans les profondeurs du royaume de la Vérité (dharmadhatu) et atteindre au Prajnasamadhi, vous devriez vous entraîner dès maintenant à vivre dans la Prajnaparamita ; vous devriez vous consacrer au seul voulume du Soutra Vajracchedika-prajnaparamita, et, voyant dans la nature de votre être, vous entrerez dans le Prajnasamadhi. Vous en acquérerez un mérite incalculable, ainsi qu'il est dit dans les soutras et sur lequel je ne m'étendrai pas ici.

La Vérité du plus haut niveau est enseignée à des gens de grande intelligence, supérieurement doués. Il peut arriver que des gens peu intelligents et médiocrement doués en entendent parler, mais cela ne leur procurera jamais la moindre foi. Pourquoi ? C'est comme si un énorme dragon déversait des pluies torrentielles sur le Jambudvipa : les cités, les villes, les villages seraient noyés et emportés dans le courant, comme des brins d'herbe. Mais, lorsque la pluie tombe sur le grand océan, en quelque quantité que ce soit, celui-ci ne s'en trouve ni accru ni amoindri.

Lorsque les adeptes du Grand Véhicule écoutent un sermon sur le Vajracchedika, leurs esprits s'ouvrent et il se produit en eux une compréhension intuitive. Ils savent ainsi que leur Propre Nature est, depuis toujours, dotée de la sagesse-Prajna, que toutes choses doivent être vues à la lumière de cette sagesse qui est la leur (chih-hui) et qu'ils n'ont pas besoin des mots. Les eaux de pluie ne sont pas immobilisées dans le ciel ; l'eau est prélevée sur les fleuves et les océans par le roi des dragons afin que tous les êtres et les plantes, sensibles ou non, jouissent universellement de la pluie. Toutes les eaux à nouveau rassemblées vont retrouver l'océan et l'océan les accueille pour en faire une seule et immense réserve. Il en va de même pour la sagesse Prajna qui est la Nature Primordiale de tous les êtres.

29. Lorsque des gens peu doués entendent exposer la doctrine

« abrupte » dont il s'agit ici, ils sont comme ces plantes de petite taille qui, une fois noyées sous une grosse pluie, sont incapables de se redresser pour poursuivre leur croissance. Il en va de même pour les gens peu doués. Ils sont pourtant dotés de la sagesse Prajna autant que les gens de vaste intelligence ; il n'y a pas de différence. Comment se fait-il donc qu'ils n'obtiennent pas de compréhension lorsqu'ils entendent parler de la Vérité ? Cela provient du pesant handicap de leurs vues fausses et de leurs passions profondément enracinées. C'est comme lorsque le soleil est caché par un gros nuage noir ; tant que le nuage ne crève pas, les rayons demeurent invisibles.

Il n'y a, dans la sagesse Prajna, ni grandeur ni petitesse, mais comme les gens entretiennent des pensées erronées, ils cherchent le Bouddha au moyen de disciplines extérieures et sont incapables de voir dans leur Propre Nature. C'est pourquoi on les appelle des gens aux dons inférieurs.

Ceux qui, entendant exposer la doctrine « abrupte », ne s'adonnent pas à des disciplines extérieures, mais, réfléchissant profondément, élèvent constamment cette Nature Primordiale à une vue juste (de la Vérité) — ceux-là demeurent toujours immunisés contre les passions et les innombrables folies ; et c'est alors qu'ils parviennent à une vue pénétrante de la Vérité. C'est comme l'océan absorbant les fleuves, grands et petits, pour les mêler en une seule et immense réserve d'eau. Cela s'appelle « voir en sa Propre Nature ». (Celui qui voit ainsi dans sa Propre Nature) ne demeure nulle part, ni à l'intérieur ni à l'extérieur, il va et vient en toute liberté ; il sait comment se débarrasser des pensées d'attachement ; rien ne l'arrête. Celui qui est capable de mener cette vie-là réalise que, depuis l'origine, il n'y a pas de différence entre sa Nature Propre et la Prajnaparamita[11].

30. Les soutras, les écritures, les publications, les deux véhicules (grand et petit), les douze divisions de (la littérature bouddhique) — tous existent à cause des hommes. C'est parce qu'il y a la nature de la sagesse (chih-hui-hsing) qu'il y a

---

11. Le texte dit ici « le soutra Prajnaparamita ». Mais je pense que cela signifie Prajna elle-même et non le soutra.

tous ces ouvrages. S'il n'y avait pas les hommes, il n'y aurait pas les multitudes d'objets. Par conséquent, nous voyons que les objets surgissent à cause des hommes. Tous les soutras et les écritures existent, dit-on, à cause des hommes.

La distinction entre l'intelligence et la bêtise n'est possible qu'au milieu des hommes. Les gens bêtes sont inférieurs et les gens intelligents sont supérieurs. Les ignorants questionnent les sages et les sages leur font des sermons sur la Vérité pour illuminer les gens bêtes et leur donner une compréhension intuitive. Quand les ignorants sont illuminés et que leur esprit est ouvert, on ne peut plus les distinguer des gens de grande intelligence.

Donc, nous voyons que des Bouddhas non illuminés ne sont pas autre chose que les êtres ordinaires ; et que, dès qu'il y a une pensée d'illumination, les êtres ordinaires se transforment d'un coup en Bouddhas. Nous voyons donc que la multitude des objets sont tous dans notre propre mental[12]. Pourquoi ne révélerions-nous pas, des profondeurs de notre propre mental, l'essence primordiale de la Réalité-Quiddité ? Le Soutra Bodhisattvasila dit : « Ma Nature Propre primordiale est originellement pure ; quand je connais mon Mental et quand je vois dans ma Propre Nature, j'atteins naturellement la voie de la Bouddhéité ». Le Soutra de Vimalakirti dit : « Quand votre vue s'ouvre tout d'un coup, vous retournez à votre Mental Primordial. »

48. Le Grand Maître mourut le troisième jour du huitième mois de la seconde année de Hsien-t-ien (713 de notre ère). Le huitième jour du septième mois de cette année-là, il réunit ses disciples, sentant qu'il allait les quitter pour toujours le mois suivant ; il leur demanda de profiter de l'occasion pour dissiper les doutes qu'ils pouvaient encore éprouver au sujet de son enseignement. Les voyant en larmes, il leur dit : « Vous pleurez tous. Mais, sur qui pleurez-vous ? Si vous pleurez parce que je ne sais pas où je vais, vous avez tort ; car je sais où je vais. Du reste, si je ne le savais pas, je ne vous quitterais pas. La raison pour laquelle vous êtes en lar-

---

12. Le texte donne « le corps » mais l'édition Koshoji et l'édition courante ont « mental ».

mes est probablement que vous, vous ne savez pas où je vais. Si vous le saviez, vous ne pleureriez pas ainsi. L'Essence du Dharma ne connaît ni naissance ni mort, ni allée ni venue. Asseyez vous tous et écoutez la gatha que je vais vous dire, ayant pour titre : « De l'Absolu[13]. »

> Il n'y a rien de vrai nulle part,
> Le vrai ne se voit nulle part ;
> Si vous dites que vous voyez le vrai,
> Votre vue n'est pas la bonne vue[14].
> Là où le vrai est laissé à lui-même,
> Il n'y a là rien de faux, ce qui est le Mental lui-même.
> Quand le Mental en lui-même n'est pas libéré de ce qui est faux
> Il n'y a rien de vrai, nulle part on ne trouve le vrai.
>
> Seul un être conscient comprend ce que signifie « mouvement »[15] ;
> Pour les êtres sans conscience, le mouvement est inintelligible ;
> Si vous vous entraînez à la pratique où l'on garde son mental immobile
> (c'est-à-dire dans une médiation de type quiétiste)
> L'immobilité que vous obtenez est celle d'un être qui n'a pas de conscience.
>
> Si vous cherchez la véritable immobilité,
> L'immobilité se trouve dans le mouvement même,
> Et cette immobilité est la (vraie) immobilité ;
> Il n'y a pas de semence de Bouddhéité où il n'y a pas de conscience.

---

13. Le titre littéral est « le vrai-faux, mouvant-calme ». « Vrai » s'oppose à « faux » et « mouvant » à « calme » ; tant qu'il y a la moindre opposition, aucune compréhension spirituelle n'est possible. Et cette compréhension ne découle pas d'un exercice quiétiste de méditation.
14. Cela veut dire que l'Absolu refuse de se diviser en deux : ce qui voit et ce qui est vu.
15. « Mouvement » signifie « division » ou « limitation ». Quand l'Absolu bouge, il se produit une interprétation dualiste qui est la conscience.

Remarquez bien à quel point les aspects de l'immobilité sont variés,
Et sachez que la réalité première est immobile ;
C'est seulement lorsque l'on parvient à cette compréhension
Que l'on perçoit le véritable fonctionnement de la Réalité Quiddité.

Je vous conseille, étudiants de la Vérité,
De vous entraîner dans la bonne direction ;
Dans la doctrine du Mahayana,
Ne commettez pas la faute de vous attarder à la connaissance relative[16] de la naissance et de la mort.

Lorsqu'il y a une concordance de vues complète,
Vous pouvez parler entre vous de l'enseignement du Bouddha ;
Là où il n'y a pas cette concordance,
Gardez les mains jointes et votre joie au fond de vous-mêmes.

Dans cette doctrine, il n'y a vraiment rien sur quoi discuter ;
Toute discussion va à coup sûr à l'encontre des intentions de l'enseignement ;
Les doctrines amenant confusion et argumentation
Conduisent d'elles-mêmes à la naissance et à la mort.

---

16. Chih (sanskrit : jnana) est utilisé en opposition à Prajna qui est la plus haute forme de connaissance, c'est-à-dire voir directement l'Immuable ou l'Absolu.

IV

Chant de l'Illumination de Yoga Daishi[17]

1. Connais tu ce philosophe tranquille qui est au-delà de l'étude et qui ne s'entraine en aucune discipline ?
  Il ne cherche pas à éviter les pensées futiles et il ne cherche pas non plus la Vérité ;
  Car il sait que, en réalité, l'ignorance est la nature de Bouddha ;
  Et que ce corps vide et chimérique
  N'est rien moins que le corps de Dharma.

2. Quand on sait ce qu'est le corps de Dharma, il n'y a pas d'objet (reconnu comme tel),
  La source de toutes choses, concernant sa nature propre,
  Est le Bouddha dans son aspect absolu ;
  Les cinq agrégats (skandhas) sont comme un nuage flottant çà et là sans but précis,
  Les trois poisons (klesas) sont comme de l'écume apparaissant et disparaissant.

3. Quand la Réalité est atteinte, on s'aperçoit qu'elle n'a pas de substance d'ego et qu'elle est dépourvue de toutes formes d'objectivité,
  Et, pour cela même, le karma qui nous mène au plus bas des enfers s'efface instantanément ;
  Cependant, ceux qui trompent le monde avec leur connaissance erronnée
  Se feront certainement arracher la langue pendant des temps incalculables.

---

17. Yoka Daishi (mort en 713, chinois : Yung-chia Ta-shih.), connu également sous le nom de Gengaku (Hsuan-chiao) était l'un des premiers disciples de Hiu-neng, le sixième patriarche du Bouddhisme Zen. Avant de se convertir au Zen, il était adepte du T'ien-tai. Son entrevue avec Hui-neng est relatée dans le Tan-ching. Il est mort en 713 en laissant un certain nombre d'ouvrages courts sur la philosophie Zen ; cette composition en vers est la plus connue. Le titre original en est : Cheng-tao Ke « Chant de la Voie de la Réalisation ».

4. Chez ceux qui sont soudain éveillés au Tathagata-dhyana,
Les six paramitas et tous les autres mérites sont pleinement développés ;
Dans un monde de rêves, les six domaines de l'existence sont clairement tracés,
Mais après l'éveil, il n'y a que le vaste Vide sans même la présence d'un seul Grand Chiliocosme.

5. Là, on ne voit ni péché ni bénédiction, ni perte ni gain ;
Au milieu de l'Éternellement Serein, ne se pose aucune question vaine ;
La poussière de l'ignorance s'est accumulée depuis longtemps sur le miroir, miroir que personne n'a jamais essuyé,
Et c'est maintenant le moment de le nettoyer une fois pour toutes.

6. De qui dit-on qu'il n'a pas de pensée ?
Et de qui dit-on qu'il n'est pas né ?
Si réellement il n'est pas né, il n'y a pas non plus pour lui de non-naissance ;
Demandez à un mécanicien s'il n'en est pas ainsi ;
Tant que vous cherchez la Bouddhéité, en vous y entraînant spécialement, vous ne parviendrez à rien.

7. Abandonnez les quatre éléments
Et, au cœur de l'Éternellement Serein,
Laissez vous aller à vider la coupe ou à grignoter de ci de là, comme vous en avez envie ;
Là où toutes choses de la relativité sont transitoires et véritablement vides,
C'est là que l'on voit la grande et parfaite illumination du Tathagata réalisée.

8. La vraie vie monacale consiste à avoir une conviction ferme ;
Cependant, si vous n'avez pas cette conviction ferme,
Questionnez moi selon vos idées (et vous serez illuminés).
Avoir une compréhension directe de la source de toutes choses, c'est ce que le Bouddha affirme ;

Si vous continuez à ramasser des feuilles et des branches, personne ne pourra vous aider.

9. L'endroit où se trouve le précieux joyau mani n'est, en général, pas connu des gens ;
Il repose, profondément caché au cœur du Tathagatagarbha ;
Sa miraculeuse sextuple fonction est une illusion et pourtant pas une illusion non plus,
Les rayons de lumière émanant du parfait soleil sont du royaume des formes, et pourtant n'en sont pas non plus.

10. La quintuple vue[18] est purifiée et le quintuple pouvoir[19] est obtenu
Quand on a une réalisation qui est au delà de la mesure intellectuelle ;
Il n'est pas difficile de reconnaître des images dans le miroir,
Mais, qui peut attraper la lune quand elle se reflète dans l'eau ?

11. Celui qui est illuminé se promène toujours seul, circule toujours seul ;
Tout homme parfait flâne à son gré sur l'unique et même sentier du Nirvana ;
Son maintien est retenu, son esprit transparent, son apparence est naturellement distinguée,
Ses traits sont plutôt fins, ses os fermes et il ne fait pas attention aux autres.

12. Les fils du Sakya (le Bouddha) sont pauvres.
Mais leur pauvreté est celle du corps, et leur vie spirituelle, elle, ne connaît pas la pauvreté,
Leur corps de pauvreté est enveloppé de guenilles,

---

18. La quintuple vue : (cakshus) : 1) physique, 2) céleste, 3) prajnique, 4) dharmique, 5) bouddhique.
19. Le quintuple pouvoir (bala) : 1) Foi, 2) Énergie, 3) Mémoire, 4) Méditation, 5) Prajna.

Mais leur esprit détient une pierre précieuse d'une rareté sans prix.

13. Cette pierre présieuce d'une rareté sans prix ne perd jamais de sa valeur quelque soit l'usage que l'on en fasse,
Et on en bénéficie d'abondance selon les occasions qui se présentent ;
Le triple corps[20] et le quadruple jnana[21] s'y trouvent parachevés,
L'émancipation octuple[22] et le miraculeux pouvoir sextuple y sont gravés[23].

14. L'homme supérieur y est établi une fois pour toutes et pour toujours,
L'homme de qualité moyenne apprend beaucoup et éprouve de nombreux doutes ;
Le fait est qu'il faut vous défaire des vêtements sales auxquels vous tenez tant ;
Quel intérêt y a-t-il à étaler votre travail devant les autres ?

15. Laissons les autres dire du mal de nous, laissons les essayer de nous mettre en colère ;
Ceux qui veulent brûler le ciel avec une torche finissent par s'en fatiguer ;
Je les écoute et goûte leurs méchants propos comme un nectar ;
Tout se fond et se dissipe et je me trouve soudain au beau milieu de l'Impensable lui-même.

---

20. 1) Le Corps de Dharma, 2) le Corps de Jouissance, 3) le Corps de Transformation.
21. 1) Intuition miroir, 2) intuition d'identité, 3) connaissance des œuvres, 4) perception claire des relations.
22. L'Abhidharmakosha, VIII donne une explication des huit Vimoksha. Consulter la traduction française de La Vallée Poussin, chapitre VIII pages 203 à 221.
23. Pour les six Riddhi qui sont des produits surnaturels de la méditation, voir l'ouvrage cité, VII pages 122 et sq.

16. Entendre les autres dire du mal de moi, c'est l'occasion de gagner des mérites
Car ce sont réellement mes bons amis ;
Lorsque je suis injurié et que je ne m'attache ni à l'hostilité ni à la sympathie,
En moi se développe le pouvoir de l'amour et l'humilité résultant du non né.

17. Soyons consciencieux non seulement dans l'expérience intérieure mais également dans son interprétation,
Et notre discipline sera aussi parfaite dans le Dhyana que dans la Prajna et non pas uniquement basée sur la Sunyata (le Vide).
Nous ne sommes pas les seuls à y être parvenus,
Car tous les Bouddhas, aussi nombreux que les sables du Gange, sont de la même essence.

18. Le rugissement de lion de la doctrine des intrépides
Rien qu'à l'entendre, la cervelle des doux animaux éclate en morceaux,
Même l'éléphant à l'odorat développé en devient furieux, oubliant sa dignité naturelle ;
Il n'y a que le dragon céleste qui va être transporté de joie, écoutant calmement (le rugissement de lion du Bouddha).

19. J'ai traversé des océans et des fleuves, j'ai fait l'ascension des montagnes, j'ai passé des rivières à gué,
Pour aller questionner les maîtres, pour chercher la Vérité, pour aller fouiller dans les secrets du Zen ;
Et, depuis lors, je sais reconnaître la voie de Sokei[24],
Je sais que la naissance et la mort ne sont pas des choses dont j'ai à m'occuper.

20. Car marcher est le Zen, être assis est le Zen,
Si je parle ou si je garde le silence, si je bouge ou si je

---

24. T'sao-ch'i est le nom de la localité où Hui-neng avait son monastère et dénomme le maître lui-même.

reste immobile, l'Essence elle-même est toujours à l'aise ;
Même au devant des épées ou des javelots, elle ne perd jamais sa tranquillité,
Et les drogues empoisonnées ne parviennent pas à troubler sa sérénité.

21. Notre Maître (Sakyamuni) était autrefois au service du Bouddha Dipankara,
Puis, plus tard, pendant de nombreux kalpas, il s'entraîna sous la forme de l'ascète Kshanti.
Moi aussi, je suis passé par bien des naissances et des morts ;
Naissances et morts ! Comme elles se renouvellent sans fin !

22. Mais, depuis que j'ai réalisé la non Naissance, qui m'est survenue tout d'un coup,
Les vicissitudes du sort, bonnes et mauvaises, ont perdu leur pouvoir sur moi.
Loin du monde, je vis dans une humble hutte de montagnes ;
Hautes sont les montagnes, épaisses les ombres des arbres, et sous un vieux pin, je suis paisiblement assis et je suis content de mon logis monacal ;
Ici règnent une tranquillité parfaite et une simplicité rustique.

23. Lorsque vous êtes éveillé (au Dharma), tout est compris, il n'y a pas d'efforts ;
Les choses appartenant au domaine de samskrita[25] ne sont pas ainsi ;
La charité pratiquée avec l'idée de forme (rupa) peut aboutir à une naissance céleste,

---

25. Selon la philosophie bouddhique, l'existence est divisée en deux groupes, samskrita et asamskrita. Samskrita s'applique à tout ce qui accomplit toute espèce d'œuvre, de n'importe qu'elle façon. Asamskrita n'accomplit rien. C'est dans ce département qu'il faut ranger l'espace considéré comme un mode de réalité, le Nirvana et la non existence à cause de l'absence de conditions nécéssaires.

Mais c'est comme si l'on lançait une flèche au ciel ;
Lorsque la force de lancement est épuisée, la flèche retombe à terre.
De même, (quand la récompense céleste arrive à sa fin), la vie qui s'ensuit sera sûrement une existence fortunée.
Mais n'est-il pas bien supérieur de vivre avec la Réalité, la Réalité asamskrita, au-delà de tout effort,
Et où l'on accède immédiatement au stade du Tathagata ?

24. Attrapons seulement la racine sans nous occuper des branches ;
C'est comme un cercle de cristal reflétant la lune
Et je sais maintenant ce que c'est que ce joyau,
Qui nous comble de façon intarissable, non seulement nous mêmes mais aussi les autres.
La lune se reflète en toute sérénité dans le ruisseau, la brise chante doucement dans les pins,
Un silence total règne ici. Pourquoi tout cela ?

25. Le joyau de moralité inhérent à la nature de Bouddha s'imprime sur l'espace mental (de l'illuminé) ;
Celui-ci, dont la robe est faite de brumes, de nuages et de rosée,
Dont le bol pacifiait autrefois les farouches dragons et dont le bâton séparait les tigres au combat ;
Écoutez les douces sonorités des anneaux d'or de ce bâton.
Ces expressions ne sont pas de simples symboles dépourvus de contenu historiquement réel ;
Car, en quelque direction que se meuve le bâton du Tathagata, les traces en restent bien distinctes.

26. Il ne cherche pas le vrai, il ne s'écarte pas de ce qui est souillé,
Il perçoit clairement que les dualismes sont vides et sans réalité ;
Que n'avoir pas de réalité signifie ne pas être partial ni vide ni non vide.
Car ceci est la vraie forme du Tathagata.

27. Le Mental Cosmique est un miroir brillant et lumineux qui ne connait pas d'obstructions,
Il pénètre l'univers jusque dans ses moindres interstices ;
Tout le contenu du monde, aux formes multiples, se reflète dans le Mental Cosmique,
Qui, étincelant comme un joyau parfait, est sans surface ni profondeur.

28. Le Vide, négativement défini, refuse un monde de causalité,
Tout est alors en pleine confusion et en complet désordre, ce qui attire le mal, à coup sûr ;
On peut dire la même chose si l'on s'attache aux êtres au détriment du Vide,
Car c'est comme si l'on se jetait au feu pour éviter de se noyer dans l'eau.

29. Quand on essaye de saisir le vrai en abandonnant le faux, c'est de la discrimination et cela mène à des artifices et à des mensonges ;
Lorsque le yogi, (sans comprendre ce qu'est le Mental Cosmique), s'adonne à la seule discipline,
Il est bien capable de prendre un ennemi pour son propre enfant.

30. Le fait que les éléments du Dharma soient détruits et le mérite perdu vient, en tous les cas, du mental relatif discriminatoire ;
C'est pour cette raison que le Zen enseigne qu'il faut avoir une vue profonde complète de la nature du Mental Cosmique,
Lorsque le Yogi, soudainement et par l'exercice de son pouvoir d'intuition, réalise la Vérité de la Non Naissance.

31. L'homme doué de forte volonté porte sur lui l'épée de Prajna,
Dont la lame flamboyante Vajra coupe tous les enchevêtrements de la connaissance et de l'ignorance ;
Non seulement elle met en pièces l'intellect des philosophes

Mais elle décourage aussi l'esprit des méchants.

32. Il fait rouler le tonnerre du Dharma, il fait battre le tambour du Dharma,
Il amoncelle des nuages de miséricorde, il déverse des pluies de nectar,
Il se comporte comme l'éléphant royal ou le dragon et d'innombrables êtres en sont bénis,
Les trois Véhicules et les cinq Familles parviennent également à l'illumination.
L'herbe Hini pousse dans l'Himalaya où l'on ne trouve aucune autre plante,
Et le bétail qui s'en nourrit donne le plus pur des laits dont je me régale toujours.
Une seule Nature, dominante et parfaite, circule dans toutes les natures ;
Une seule Réalité, qui tout embrasse, contient toutes les réalités ;
La lune se reflète dès qu'elle découvre un plan d'eau,
Et toutes les lunes sur toutes ces eaux sont bercées dans la lune unique ;
Le corps du Dharma de tous les Bouddhas entre dans mon être,
Et mon être est confondu avec les leurs.

33. En un seul stade, tous les stades sont rassemblés ;
La Réalité n'est ni la forme, ni le mental, ni le travail ;
Un claquement de doigts et plus de quatre vingt mille saintes doctrines sont accomplies ;
Même en l'espace d'une seconde, le mauvais karma de trois asamkheyas de kalpas est détruit ;
Les propositions de la logique quelles qu'elles soient ne sont pas des propositions vraies,
Car elles sont sans relation spécifique avec ma lumière intérieure.

34. Cette lumière intérieure est au-delà de la louange et de l'insulte,
Comme l'espace, elle ne connait pas de limites ;

Pourtant, elle est bien ici, avec nous, avec toute sa sérénité et sa plénitude ;
C'est seulement quand vous la cherchez qu'elle vous échappe ;
Vous ne pouvez pas la saisir et vous ne pouvez pas vous en débarrasser non plus ;
Et tandis que vous ne pouvez ni la saisir ni la rejeter, elle continue son chemin ;
Si vous êtes silencieux, elle parle ; si vous parlez, elle se tait ;
La grande porte de la charité est grand'ouverte sans le moindre obstacle devant elle.

35. Si l'on me demande quelle est ma doctrine,
Je réponds que c'est celle du pouvoir de la Mahaprajna :
Affirmez-le, ce pouvoir, ou niez-le ; il est au-delà de votre intelligence humaine ;
Marchez contre lui ou avec lui, le Ciel ignore où il se trouve.

36. Je me suis entraîné à la Mahaprajna pendant d'innombrables kalpas ;
Je ne parle pas à la légère et ne désire pas vous tromper ;
Je lève l'étendard du Dharma pour maintenir cette doctrine,
Que j'ai trouvée à Sokei et qui n'est autre que celle que le Bouddha a annoncée.

37. Mahakashyapa fut le premier, sur la lignée de transmission ;
Vingt huit patriarches lui ont succédé dans le pays de l'ouest (l'Inde) ;
La lampe du Dharma fut ensuite amenée dans ce pays ci par les mers ;
Et Bodhidharma devint ici le Premier Patriarche :
Sa Robe, comme nous le savons tous, a été transmise à six patriarches,
Et, grâce à eux, bien des gens sont parvenus à la Lumière.

38. Même le vrai n'a pas besoin d'être spécifiquement établi,
Quant au mensonge, rien de tel n'a jamais existé ;
Lorsque l'être et le non être sont tous deux mis de côté, même le non vide perd son sens ;
Dès le commencement, il faut se garder d'adhérer aux vingt formes de vide ;
L'unité éternelle de la Tathagata-ité reste absolument la même.

39. Le mental fonctionne au moyen des organes des sens et il s'ensuit l'apparition d'un monde objectif.
Ce dualisme se reflète obscurément dans le miroir ;
Quand la poussière est essuyée, la lumière brille à nouveau ;
Ainsi, lorsque le mental et le monde objectif sont oubliés tous les deux, l'Essence affirme à nouveau sa vérité.

40. Hélas ! cet âge de dégénérescence est plein de mal ;
Les êtres sont très peu doués et difficiles à contrôler ;
Se trouvant plus éloignés de l'Ancien Sage, ils chérissent par dessus tout des vues fausses ;
Le Malin rassemble ses forces tandis que le Dharma s'affaiblit et que la haine commence à pénétrer partout ;
Même lorsqu'ils entendent parler de l'école « abrupte » de la doctrine bouddhique,
Ils refusent d'y adhérer ; quel dommage ! Et, du coup, ils manquent l'occasion d'écraser le mal comme on écrase un morceau de brique !

41. Le mental est l'auteur de toute action ; le corps souffre de tous les maux ;
Ne blâmez pas les autres, en vous plaignant de ce qui vient de vous ;
Si vous ne voulez pas vous attirer le karma de l'enfer,
Cessez de blasphémer la roue du Tathagata du bon Dharma.

42. Dans le bosquet d'arbres santal, il n'y a pas d'arbres inférieurs,

Au milieu de l'épaisse forêt vierge il n'y a que des lions qui y trouvent leur gîte ;
Là où il n'y a pas de perturbations, là où ne règne que la paix,
C'est l'endroit où les lions vont rôder ;
Les autres animaux n'y ont pas accès, les oiseaux eux-mêmes s'en écartent.

43. Il n'y a que les lionceaux pour suivre dans la forêt les chemins de leurs aînés,
Dès que les jeunes atteignent l'âge de trois ans, ils rugissent.
Comment les chacals pourraient-ils poursuivre le roi du Dharma ?
Malgré tous leurs arts magiques, les elfes baillent aux corneilles.

44. La parfaite doctrine « abrupte » n'a rien à voir avec l'imagination humaine ;
S'il reste encore une ombre de doute, on en revient à toute sortes de discussions ;
Ce que je dis n'est pas une production de mon ego,
Je n'ai qu'une peur c'est que votre discipline ne vous égare soit vers le nihilisme soit vers le positivisme.

45. « Non » n'est pas nécessairement « Non » ni « Oui » nécessairement « Oui » ;
Mais, si vous manquez ne serait-ce qu'un dixième de pouce, la différence s'élargit jusqu'à mille kilomètres ;
Quand c'est « Oui », une jeune fille Naga atteint à la Bouddhéité en un instant.
Quand c'est « Non », le plus érudit des Zensho[26] tombe en enfer tout vivant.

46. Depuis ma jeunesse, je me suis adonné passionnément à l'érudition ;

---

26. Shang-hsing, littéralement « bonne étoile », était un grand érudit de son temps.

J'ai étudié les soutras, les sastras et les commentaires,
Je me suis mis à l'analyse des noms et des formes, sans connaître la fatigue ;
Mais à plonger dans l'océan pour en compter les grains de sable, on se livre là à une tâche bien épuisante et bien vaine ;
Le Bouddha n'a jamais agi de cette manière, ses remontrances s'appliquent justement à ce genre d'erreur,
Car à quoi bon compter des trésors qui ne sont pas les miens ?
Toutes mes réalisations passées ont été des efforts vains et mal appliqués — je le réalise pleinement maintenant —
J'ai été un moine errant pendant de nombreuses années pour rien.

47. Si vous ne comprenez pas comme il faut la notion de « famille primordiale »,
Vous n'arriverez jamais à comprendre le parfait système « abrupt » du Bouddha ;
Les deux Véhicules se donnent assez de mal mais il leur manque les aspirations (du Bodhisattva) ;
Les philosophes sont assez intelligents mais ils manquent de Prajna ;
Quant au reste d'entre nous, on ne trouve que des ignorants ou des enfants ;
Ils s'imaginent qu'un poing vide contient quelque chose de réel et que le doigt qui désigne un objet est l'objet désigé ;
Quand le doigt est considéré comme la lune elle-même, tous leurs efforts sont perdus ;
Ce sont, en fait, de doux rêveurs perdus dans un monde de sens et d'objets.

48. Interroger le Tathagata, c'est entrer dans le royaume des non-formes,
C'est s'appeler vraiment Kwanjizai (Avalokitesvara) :
Quand ceci est compris, les obstacles du karma sont vides, par nature ;
Quand ceci n'est pas compris, nous payons pour les dettes contractées dans le passé.

49. Un repas royal a été placé devant les affamés, mais il refusent de le manger ;
Si les malades s'écartent d'un bon médecin, comment peuvent-ils être guéris ?
Pratiquez le Zen dans un monde de désirs et le pouvoir authentique d'intuition se manifeste ;
Même quand le lotus fleurit au milieu d'un grand feu, il n'est jamais détruit ;
Le Bhikshu Yuse (Yung-shih)[27] avait commis l'un des crimes les plus graves, mais
Quand il fut parvenu à une vue illuminée du Sans Naissance,
Il obtint instantanément la Bouddhéité et il continue à vivre dans un autre monde.

50. La doctrine de l'intrépidité est enseignée aussi fortement que le rugissement d'un lion ;
Quel dommage de voir des esprits confus rigidement endurcis comme du cuir
Qui comprennent seulement que les fautes graves sont une obstruction à l'Illumination,
Et sont ainsi incapables de pénétrer dans les secrets de l'enseignement du Tathagata.

51. Il y avait autrefois deux Bhikshus, l'un avait commis un meurtre, l'autre une faute charnelle :
La compréhension de Upali était à peu près celle d'un ver luisant et ne fit que renforcer les liens de la faute ;
Mais ils furent tous les deux illuminés soudainement par la sagesse de Vimalakirti,
Leurs difficultés et leurs doutes fondirent comme de la glace et de la neige au soleil.

52. Le pouvoir de l'émancipation qui dépasse la compréhension

---

27. L'histoire de ce Bhikshu est racontée dans le soutra de la Purification des Obstacles du Karma (Ching Yen-Chang Ching).

Fait des miracles aussi nombreux que les sables du Gange et n'a aucune limite ;
A lui, les quatre sortes d'offrandes sont faites de très bonne grâce,
Par lui, des milliers de pièces d'or sont distribuées sans endetter personne ;
Nos os peuvent être écrasés en poudre, notre corps coupé en morceaux
Mais nous ne pourrons jamais lui rendre ce qu'il fait pour nous ;
Une seule phrase proférée par lui est tenue pour vraie pendant des centaines de milliers de kotis de kalpas.

53. Il est le roi du Dharma et mérite le plus grand respect ;
Les Tathagatas aussi nombreux que les sables du Gange portent tous témoignage de la vérité de sa réalisation ;
Je comprends maintenant ce qu'est ce joyau mani,
Et je sais que ceux qui l'acceptent avec foi sont reliés à lui.

54. Quant à le voir, on le voit suffisamment bien, mais il n'y a là pas d'objets, personne à rencontrer et pas le Bouddha ;
Les chiliocosmes sans nombre de l'univers sont de simples bulles dans l'océan,
Et tous les sages et hommes de valeur sont des éclairs de lumière.

55. Aussi vite que tourne la roue de fer sur ma tête,
Le parfait éclat de Dhyana et Prajna en moi ne s'efface jamais ;
Le soleil peut se refroidir et la lune s'échauffer ;
Malgré tout le pouvoir des méchants, la vraie doctrine demeure pour toujours indestructible.
Le carrosse tiré par un éléphant monte tranquillement la plus escarpée des collines,
Comment un scarabée pourrait il se dresser devant les roues de l'attelage ?

56. L'éléphant imposant n'avance pas sur la piste du lièvre,

L'Illumination Suprême dépasse le domaine étroit de l'intellect ;
Cessez de mesurer le ciel avec un brin de roseau ;
Si vous n'avez pas encore compris, je vais arranger cela pour vous.

V

Baso (Matsu) Sekito (Shih-t'ou)
Deux grands Maîtres de la Dynastie T'ang

Matsu (Baso) reçut après sa mort le titre posthume de Maître Zen de la Grande Quiétude (ta-chi). Il s'appelait en réalité Tao-i (Doichi). Son nom de famille Ma venait du district de Han-chou. Son enseignement, qui se répandit tout d'abord dans la province de Chiang-hsi, acquit une grande importance dans le monde bouddhiste de l'époque ; on l'appelait généralement Ma le père, de là Ma-tsu.

Le Bouddhisme Zen fut introduit en Chine par un moine indien dénommé Bodhidharma sous les dynasties du sud et du nord, probablement à la fin du cinquième siècle. Il fallut attendre l'époque de Hui-neng et Shen-hsiu pour que Bodhidharma fût reconnu comme premier patriarche du Bouddhisme Zen en Chine ; car c'est à ce moment que le Zen proprement dit s'établit solidement parmi les puissants mouvements bouddhistes créés par la génie religieux chinois. Le mouvement s'installa définitivement avec Ma-tsu (— 788) et Shih-t'ou (700-790). Ce dernier avait son monastère dans la province du Hu-nan et c'est ainsi que le Hu-nan et le Chiang-hsi devinrent le creuset du mouvement Zen. Actuellement, les zénistes de Chine et également du Japon remontent tous à ces deux maîtres T'ang.

Shih-t'ou (Sekito), nom de famille : Chen, venait du district de Tuan-chou. Son autre nom était Hsi-ch'ien. Pendant sa jeunesse, ses sentiments religieux se trouvèrent fortement ébranlés par une coutume barbare pratiquée par la race Liao. Cette coutume consistait à sacrifier des taureaux afin d'apaiser le courroux des mauvais esprits adorés par le peuple. Shih-t'ou détruisit de nombreux sanctuaires dédiés à ces esprits et sauva les victimes. Son action eut probablement un effet décisif et parvint à convaincre les notables de son village car ces derniers ne firent rien pour l'empêcher de combattre les superstititons populaires. Plus tard, il se convertit au Bouddhisme et devint disciple de Hui-neng. Malheureusement, celui-ci mourut avant que le jeune homme eut été officiellement ordonné moine. C'est alors qu'il se rendit auprès de Hsing-ssu (— 740) de Chi-chou pour étudier le Bouddhisme Zen. Hsing-ssu, ainsi que Nan-yueh Huai-jang qui fut le maître de Ma-tsu, avait été également disciple de Hui-neng.

Avant de laisser la parole à Ma-tsu, citons quelques questions-réponses (mondo = Wen-to) de Shih-t'ou, extraites de la Transmission de la Lampe.

Un jour, Hsing-ssu demanda :
« — Il y a des gens qui disent qu'une intelligence arrive du sud du Ling »
T'ou : « — Il n'y a pas d'intelligence de ce genre chez qui que ce soit. »
Ssu : « — Mais alors, d'où viennent tous ces soutras du Tripitaka ? »
T'ou « — Ils viennent tous d'ici et rien ne manque. »

Shih-t'ou, « Tête de Pierre », tient son nom de la hutte qu'il habitait sur la surface plate d'un rocher sur le terrain de son monastère à Hong-chou. Il fit une fois le sermon suivant :

« Mon enseignement qui provient des anciens Bouddhas ne dépend pas de la méditation (dhyana) ni d'une activité d'aucune sorte. Quand vous parvenez à la compréhension qui fut celle du Bouddha, vous réalisez que le Mental est le Bouddha et que le Bouddha est le Mental — et que le Mental, le Bouddha, les êtres sensibles, la Bodhi (illumination) et klesa (les passions) sont une seule et même substance bien qu'ils portent des noms différents. Il vous faut savoir que votre propre essence du mental n'est ni soumise à l'annihilation ni éternelle, ni pure ni souillée et qu'elle demeure parfaitement paisible et indépendante, qu'elle est la même chez le sage et l'ignorant, qu'elle fonctionne de façon illimitée, et qu'elle n'est pas incluse dans les catégories de mental (citta), de conscience (manas) ou de pensée (vijnana). Les trois mondes du désir, de la forme et de l'informel et les six modes de l'existence ne sont que des manifestations de votre mental même.

Ils sont comme la lune reflétée dans l'eau ou des images dans un miroir. Comment alors parler de ces choses comme si elles étaient nées ou comme si elles mouraient ? Lorsque vous parviendrez à cette compréhension, vous serez pourvus de tout ce dont vous avez besoin. »

Alors Tao-wu, l'un des disciples de Shih-t'ou, demanda :
« — Qui est parvenu à comprendre l'enseignement de Hui-neng ? »
T'ou : « — Celui qui comprend le Bouddhisme. »
Wu : « — Y êtes vous parvenu ? »
T'ou : « — Non, je ne comprend pas le Bouddhisme. »
Un moine demanda : « — Comment arrive-t-on à l'émancipation ? »
Le maître dit « — Qui vous a jamais asservi ? »
Le moine : « — Qu'est ce que la Terre Pure ? »
Le maître : « — Qui vous a jamais souillé ? »
Le moine : « — Qu'est ce que le Nirvana ? »
Le maître : « — Qui vous a jamais assujetti à la naissance et à la mort ? »

Shih-t'ou demanda à un moine qui venait d'arriver :
« — D'où venez vous ? »
« — De Chiang-si. »
« — Avez vous vu Ma, le grand maître ? »
« — Oui, Maître »
Shih-t'ou désigna alors un tas de mois mort et dit :
« — Est ce que le Maître Ma ressemble à ce tas de bois ? »
Le moine ne répondit pas. Étant retourné auprès de Maître Ma, il lui raconta son entrevue avec Shih-t'ou. Ma lui demanda : « — Avez-vous pu évaluer la grandeur du tas de bois ? »
« — C'était un immense tas de bois. »
« — Vous êtes vraiment très fort ! »
« — Comment cela ? » demanda le moine.
« — Parce que vous avez transporté cet immense tas de bois depuis Nanyueh jusqu'à ce monastère-ci. Il n'y a qu'un homme fort qui puisse accomplir une chose pareille ! »

Un moine demanda : « — Selon un ancien sage, c'est une forme de dualisme que de prendre le Tao soit comme une chose qui existe soit comme une chose qui n'existe pas. Dites moi, je vous prie, comment on peut se débarrasser de cette difficulté. »

Shih-t'ou se retourna et dit : « — Débarrassez vous de votre gosier et de vos lèvres et voyons ce que vous allez dire. »
Ta-tien dit : « — Je n'ai pas ces choses à ma disposition. »
« — S'il en est ainsi, vous pouvez passer par la porte d'entrée. »

Tao-wu demanda : « — Quel est l'enseignement ultime du Bouddhisme ? »
« — Vous ne le comprendrez pas tant que vous ne l'aurez pas. »
« — Y a-t-il quelque chose au-dessus de l'enseignement qui permette d'obtenir une nouvelle compréhension ? »
« — Le ciel s'étend sans fin et rien ne gêne les nuages blancs dans leur libre course. »
« — Qu'est-ce que le Zen ? » demanda un moine.
« — De la brique et de la pierre. »
« — Qu'est ce que le Tao ? »
« — Un morceau de bois. »

Quelqu'un demanda à Ma-tsu :[28] « — Comment s'entraîne-t-on dans le Tao ? » Le Maître répondit ; « — Dans le Tao, il n'y a pas à s'entraîner. S'il y a entraînement, le fait même de l'entraînement implique la destruction du Tao. On devient alors comme un Sravaka. Mais s'il n'y a pas d'entraînement du tout dans le Tao, on reste ignare. »
« — Par quelle sorte de compréhension atteint-on le Tao ? »
A cette question, le Maître fit le sermon suivant :

« Le Tao est, dès le commencement, parfait en sa nature et indépendant. Quand on dirige les affaires de la vie (bonnes ou mauvaises) sans hésiter, on est quelqu'un de discipliné dans le Tao. Éviter le mal et s'attacher aux choses valables, méditer sur le Vide et entrer en samadhi — cela veut dire que l'on fait quelque chose. Mais courir après des objets extérieurs, cela veut dire que l'on est le plus éloigné possible du Tao. Il

---

28. Les mondos qui suivent proviennent tous d'un livre paru sous le titre : « Paroles des Anciens Sages », fascicule I (Ku tsun-hsiu yu-lu).

convient d'épuiser la pensée et l'imagination que l'on peut avoir dans le triple monde. Quand il reste ne serait-ce qu'un iota d'imagination, c'est le triple monde et avec lui, la source de la naissance et de la mort. Quand il ne reste plus la moindre trace d'imagination, on a supprimé la source de la naissance et de la mort, on détient alors le trésor sans pareil du Dharmaraja. L'imagination accumulée depuis un passé immémorial par l'homme ignorant, ajouté à sa fausseté, ses flatteries, son orgueil, son arrogance et autres mauvaises passions, — toutes ces choses sont unifiées dans le corps de l'Essence Une et volatilisées.

Le soutra dit qu'un certain nombre d'éléments se combinent pour former notre corps et que l'apparition du corps signifie simplement l'apparition de tous ces éléments tandis que la disparition du corps signifie tout aussi simplement leur disparition. Quand ils apparaissent, ils ne déclarent pas : « — Maintenant, nous allons apparaître » ; quand ils disparaissent, ils ne déclarent pas non plus : « maintenant, nous allons disparaître. »

Il en va de même pour les pensées. Une pensée suit l'autre sans interruption, la précédente n'attendant pas la suivante, chacune d'elles étant autonome et tranquille. Ceci s'appelle le Sagaramudra-samadhi, « Méditation sur la Marque de l'Océan », où toutes choses sont incluses, comme l'océan où tous les fleuves de toutes grandeurs se déversent. Dans ce vaste océan où l'eau est uniformément salée, toutes les eaux qui le composent sont d'un seul et même goût. Un homme y vivant se diffuse en autant de courants qu'il s'en déversent. Un homme s'y baignant emploie toutes les eaux qui s'y écoulent.

Le Sravaka est illuminé et pourtant il fait fausse route ; l'homme ordinaire se trouve hors du bon chemin et pourtant, en un sens, il est illuminé. Le Sravaka ne s'aperçoit pas que le Mental tel qu'il est en lui-même ne connaît aucun stade, aucune causalité, aucune imagination. En s'entraînant, il est parvenu à un résultat et il demeure dans le Samadhi du Vide pendant un certain nombre de kalpas. Bien qu'il soit illuminé à sa manière, le Sravaka n'est pas du tout sur le bon chemin. Du point de vue du Bodhisattva, cela revient à souffrir les tortures de l'enfer. Le Sravaka s'est enterré dans la vacuité, ne sachant pas comment sortir de sa calme contemplation, car il n'a pas de vue pénétrante dans la nature de Bouddha.

Si l'on est doté d'un caractère puissant et d'une intelligence supérieure, on pourra, sous la direction d'un guide sage, voir d'un seul coup l'essence de la chose et comprendre que ce n'est pas une question de stades ni de processus variés. Nous pouvons lire dans le soutra que les gens ordinaires sont capables de changer de pensées alors que le Sravaka en est bien incapable (ce qui veut dire qu'il ne sort pas de sa méditation de quiétude absolue).

« — Il fait fausse route » s'oppose à « être illuminé » ; mais quand il n'y a pas d'abord de « fausse route », il n'y a pas d'illumination non plus. Les êtres, depuis des temps immémoriaux, sont toujours « dans » l'essence du Dharma ; installés pour toujours au sein de l'Essence du Dharma, ils mangent, s'habillent, causent, répondent ; le fonctionnement des six sens, toutes les actions humaines sont de l'Essence du Dharma elle-même. Quand ils ne comprennent pas qu'il leur faut retourner à la Source, ils suivent des noms, des formes, laissent l'imagination s'exercer en produisant ainsi toutes sortes de karmas. Il leur suffit de retourner à la Source une seule fois, en une seule pensée, pour que leur être tout entier soit du Mental du Bouddha.

O, moines, que chacun de vous regarde son propre Mental Ne cherchez pas à vous rappeler ce que je vous dis. Malgré toute l'éloquence que je peux déployer en vous parlant de toutes ces choses, autant de choses que les sables du Gange, le Mental ne s'accroît pas ; et lorsqu'on ne peut pas parler, le Mental ne diminue pas. Vous pouvez parler du Mental autant que vous voulez, il demeure votre propre Mental ; vous pouvez ne pas en parler du tout, il demeure également votre propre Mental. Vous aurez beau diviser votre corps en formes multiples et, rayonnant une lumière surnaturelle, vous aurez beau accomplir les dix huit miracles, tout ce que vous en tirerez ne sera rien de mieux que vos propres cendres froides.

Les cendres froides et bien mouillées n'ont pas de vitalité et sont comparées à un Sravaka qui s'entraîne à la cause pour parvenir à son résultat. Les cendres froides qui n'ont pas encore été mouillées sont pleines de vitalité et sont comparées au Bodhisattva dont la vie dans le Tao est pure et pas du tout infectée par le mal. Si je commence à vous parler des divers enseignements exposés par le Tathagata, nous n'en finirons pas, même si je continue pendant des années. Ce sont comme une série infinie de chaînes. Mais une fois que vous avez vu le Mental du Bouddha, vous n'avez plus rien à atteindre.

Je vous ai obligés à rester debout assez longtemps. Adieu ! »

P'ang[29], disciple laïque, demanda un jour, alors que Ma-tsu montait sur l'estrade : « Voici le Corps Primordial Parfaitement Lumineux ! Levez les yeux vers lui ! » Ma-tsu baissa immédiatement les yeux. P'ang dit alors « Comme le Maître joue bien sur le luth de première classe sans cordes ! » Le maître releva son regard. P'ang salua et le Maître retourna dans sa chambre. P'ang le suivit et dit : « — Vous venez de vous rendre ridicule, n'est-ce pas ? »

Quelqu'un demanda : « — Qu'est-ce que le Bouddha ? »
« — Le Mental est le Bouddha et il n'y en a pas d'autre. »

Un moine demanda : « Sans utiliser les quatre propositions ni une infinie série de négations, pouvez-vous me dire immédiatement ce que signifie la venue de l'ouest de notre premier Patriarche ? » Le Maître dit : « — Aujourd'hui je n'ai pas envie de répondre. Rendez-vous dans la salle de l'ouest et demandez-le à Shih-tsang. »
Le moine se rendit à la salle de l'ouest où il vit le prêtre qui, montrant sa propre tête, dit : « — Aujourd'hui, j'ai mal à la tête et je ne suis pas en état de vous l'expliquer maintenant. Je vous conseille d'aller trouver frère Hai. »

Le moine alla chercher Hai et Hai dit : « — Cela, je ne le comprends pas. » Pour finir, le moine retourna vers le Maître et lui raconta ce qui s'était passé. Alors le Maître dit : « — La tête de Tsang est noire et celle de Hai est blanche. »

Un moine demanda : « — Pourquoi enseignez-vous que le Mental n'est pas autre chose que le Bouddha ? »
« — Pour faire arrêter ses pleurs à un enfant. »

---

29. Japonais : Ho-koji. Il était l'un des plus grands disciples de Ma. Voir d'autres citations dans mes Essais sur le Bouddhisme Zen, tomes I, II et III.

« — Quand l'enfant s'arrête, que dites-vous ? »
« — Ni Mental ni Bouddha. »
« — Quel enseignement donneriez-vous à quelqu'un qui ne serait dans aucun de ces deux groupes ? »
« — Je dirais : 'Ce n'est pas un quelque chose'. »
« — Si vous questionniez inopinément une personne qui y est, que feriez-vous ? » demanda le moine, pour finir.
« — Je lui ferai réaliser le grand Tao. »

Le Maître demanda à Pai-chang, l'un de ses disciples les plus avancés : « — Comment enseigneriez-vous les autres ? »
Pai-chang leva son hossu. Le Maître remarqua : « C'est tout ? Rien d'autre ? » Pai-chang jeta son hossu par terre.

Un moine demanda : « — Comment se met-on en harmonie avec le Tao ? »
« — Je suis déjà sorti de l'harmonie. »

Tan-yuan, l'un des disciples personnels de Ma-tsu, rentrait d'un pèlerinage. Lorsqu'il vit le Maître, il dessina un cercle par terre et après avoir fait ses salutations, il se plaça sur le cercle, devant le Maître.
Ma-tsu dit : « — Alors, vous voulez devenir un Bouddha ? »
Le moine dit :
« — Je ne connais pas l'art de désaccomoder mes propres yeux. »
« — Je ne suis pas votre égal. » Le moine ne répondit pas.

Un jour du premier mois de la quatrième année de Chen-yuan (788), alors qu'il se promenait dans les bois avec Shih-men Shan, Ma-tsu remarqua une cave avec un sol tout plat. Il dit à son compagnon : « — Mon corps soumis à la décomposition retournera à la terre dans un mois d'ici » Le quatre du second mois, comme il l'avait prédit, il se sentit indisposé. Il prit un bain et s'étant assis jambes croisées, il mourut.

VI

Sermon de Huang Po

*Extrait du « Traité sur les Fondements de
la Transmission du Mental. » (Denshin Hogo)*

Le Maître[30] dit à Pai-hsiu :

« Les Bouddhas aussi bien que les êtres sensibles[31] proviennent les uns et les autres du Mental Cosmique et il n'y a pas d'autre réalité que ce Mental.

Il existe depuis un passé immémorial ; il ne connaît ni naissance ni mort ; il n'est ni bleu ni jaune ; il n'a pas de forme ; il est au-delà de l'être et du non-être ; on ne le mesure pas par l'âge, il n'est ni vieux ni jeune ; il n'est ni long ni court ; il n'est ni grand ni petit, car il transcende toutes les limites, toutes les paroles, toutes les traces et tous les opposés. Il doit être pris tel qu'il est en lui-même ; lorsque nous ébauchons une tentative de le saisir par la pensée, il s'esquive. Il est comme l'espace dont les limites sont absolument en dehors de toute mesure ; les concepts, ici, ne jouent plus.

Ce Mental Cosmique seul est le Bouddha qui n'a pas à être

---

30. Japonais : Wobaku Ki-un. Mort en 850.
31. L'une des premières conditions pour comprendre le Bouddhisme est de savoir ce que l'on entend par Bouddha et par êtres sensibles. Cette distinction se retrouve dans toutes les branches de l'enseignement bouddhiste. Le Bouddha est un être illuminé qui a compris les raisons de l'existence tandis que les êtres sensibles sont les multitudes ignorantes au mental embrouillé et encombré de souillures. L'objectif du Bouddhisme consiste à amener tous les êtres sensibles à l'illumination comme le Bouddha. La question est de savoir s'ils sont de la même nature que lui ; car s'ils ne le sont pas, ils ne peuvent pas parvenir à l'illumination comme lui. Comme la séparation spirituelle entre les deux apparait trop vaste pour être comblée, on peut se demander s'il y a, chez les êtres sensibles, de quoi les transformer en Bouddhas. La position du Zen est que le Mental Cosmique pénétre tout et qu'il n'y a donc pas de distinction à faire entre le Bouddha et les êtres sensibles et que, sur le plan du Mental Cosmique, les deux sont de la même nature unique. Qu'est donc ce Mental ? C'est à cette question que Huang-po, dans ces sermons, tente de répondre à son disciple Pai-hsiu.

séparé des êtres sensibles. Mais, comme nous le cherchons à l'extérieur dans le monde des formes, plus nous le cherchons plus il s'éloigne de nous. Faire le Bouddha se chercher lui-même ou faire le Mental Cosmique se saisir lui-même sont des impossibilités jusqu'à la fin de l'éternité. Nous ne réalisons pas que dès que nos pensées s'arrêtent et dès que la volonté de former des idées est oubliée, le Bouddha se révèle à nous de lui-même.

Le Mental Cosmique n'est autre que le Bouddha et le Bouddha n'est autre que les êtres sensibles. Quand le Mental prend la forme d'un être sensible, il n'en est pas diminué pour autant ; quand il devient un Bouddha il ne s'accroît en rien. Même lorsque nous parlons des six vertus de perfection (paramitas) et des dix mille actes méritoires égaux par le nombre aux grains de sable du Gange, tous sont contenus dans l'être du Mental Cosmique lui-même. Ce ne sont pas des choses que l'on puisse lui ajouter par des disciplines d'entraînement. Il faut que les conditions[32] soient déclenchées pour qu'il se déploie. Si les conditions n'opèrent plus, il demeure dans sa tranquilité. Ceux qui ne croient pas profondément que le Mental Cosmique est le Bouddha et qui s'évertuent à rechercher leur réalisation au moyen d'une discipline attachée à la forme, ceux-là s'abandonnent à une imagination fausse et s'écartent résolument du bon chemin.

Ce Mental n'est autre que le Bouddha ; il n'est pas de Bouddha hors du Mental et il n'y a pas non plus de Mental hors du Bouddha. Ce Mental est pur et, comme l'espace, il n'a pas de formes spécifiques (par lesquelles il pourrait se distinguer d'autres objets.) Dès que vous avez une pensée et dès que vous commencez à vous faire une idée de ce qu'il peut être, vous détruisez la réalité elle-même parce que, à ce moment, vous vous attachez à la forme. Depuis un passé sans immémorial, il n'y a pas un seul Bouddha qui aît jamais éprouvé un attachement à la forme. Si vous cherchez la Bouddhéité en pratiquant les six vertus de perfection et les dix mille autres actes méritoires, vous faites de l'obtention de la

---

32. Chinois : Yuan. Sanskrit : pratyaya. C'est un des termes techniques les plus significatifs de la philosophie bouddhique.

Bouddhéité un processus progressif ; mais, depuis un passé immémorial, il ne s'est jamais trouvé un seul Bouddha dont la réalisation fût une démarche progressive. Quand vous obtenez une vue du Mental Cosmique, vous vous apercevez qu'il n'y a pas là de réalité particulière (que vous puissiez appeler Mental). Cette inaccessibilité n'est pas autre chose que le véritable Bouddha lui-même.

Les Bouddhas et les êtres sensibles proviennent du Mental Cosmique et il n'y a aucune différence entre eux. Le Mental Cosmique est comme l'espace où il n'y a pas de complexités et qui n'est pas soumis au processus de destruction. Il est comme le grand soleil qui illumine les quatre mondes : quand il se lève, sa lumière se répand partout sur la création, mais l'espace, lui, n'en reçoit aucune illumination. Quand le soleil se couche, l'obscurité règne à son tour, mais l'espace, lui, ne participe pas à cette obscurité. La lumière et l'obscurité se pourchassent mutuellement et règnent à tour de rôle, mais l'espace, lui, est un immense vide qui n'est soumis à aucune péripétie.

On peut en dire autant du Mental Cosmique qui constitue l'essence du Bouddha autant que celle des êtres sensibles. Si vous considérez le Bouddha comme une forme de pureté, de lumière et d'émancipation, et si vous regardez les êtres sensibles comme une forme de souillure, d'obscurité et de transmigration, vous manquerez toujours l'occasion de parvenir à l'illumination, quels que soient vos efforts et leur durée ; car, tant que vous voyez les choses de cette manière, vous restez attachés à la forme. Or, dans ce Mental Cosmique, il n'y a pas une seule forme de particularité que l'on puisse saisir.

Le fait que le Mental Cosmique n'est autre que le Bouddha n'est pas reconnu par les bouddhistes actuels ; comme ils sont incapables de voir le Mental Cosmique tel qu'il est, ils imaginent un petit mental à côté du Mental Cosmique lui-même et recherchent le Bouddha à l'extérieur, comme s'il se révélait par une forme. Cette manière d'entraînement est une erreur, ce n'est pas le chemin de l'illumination.

Il vaut mieux faire des offrandes à un homme spirituel qui soit libre d'attachement mental[33] que d'en faire à tous les

---

33. Wu-hsin. Japonais : Mu-shin. Ce terme signifie littéralement : « non

Bouddhas des dix régions. Pourquoi ? Parce que être libre de l'attachement mental signifie être libre de toutes les formes d'imagination.

La Réalité-Quiddité telle qu'elle s'exprime intérieurement peut être comparée à un morceau de bois ou de rocher : elle demeure impassible, inébranlable ; alors que, extérieurement, elle est comme l'espace, rien n'y est obstrué ni réprimé. La quiddité étant indépendante à la fois de l'activité et de la passivité ne connaît pas d'orientation, n'a pas de forme, ne comprend ni gain ni perte. Ceux qui courent en tous sens, furieusement, n'osent pas s'engager sur ce chemin parce qu'ils ont peur de tomber dans une vacuité où ils perdraient pied. Lorsqu'ils se trouvent devant elle (la quiddité) ils battent en retraite. Ce sont, en général, des chercheurs de savoir et de compréhension intellectuelle. Ces gens sont en fait, très nombreux, aussi nombreux que les cheveux sur la tête alors que ceux qui voient la vérité sont aussi rares que les cornes.

Manjusri correspond à li (raison ou principe) et Samantabhadra à hsing (vie ou action). Li est le principe de vraie vacuité et de non-obstruction, hsing est une vie de détachement des formes et elle est inépuisable. Avalokitesvara correspond à l'amour parfait et Sthamaprapta à la sagesse parfaite. Vimalakirti signifie : « nom sans souillure » ; pure est l'essence et le nom est la forme. L'essence et la forme ne sont pas deux choses différentes, d'où le nom de Vimalakirti (pur-nom). Tout ce que représente chacun des grands Bodhisattvas est présent en chacun de nous car c'est ce qui constitue le Mental Cosmique. Tout sera bien lorsque nous serons éveillés à la vérité.

---

mental » ou « non pensée ». Il est très difficile de trouver un mot français qui lui corresponde. « Inconscience » s'en approcherait mais avec une connotation trop psychologique. Mushin est vraiment un concept oriental. On pourrait employer une circonlocution comme : « Être libéré de l'attachement au mental ». L'idée exprimée cherche à décrire un état de conscience d'où soit absente toute poursuite, consciente ou non, d'une substance ego ou d'une âme ou d'un mental constituant dans notre vie mentale une unité structurelle. Le Bouddhisme considère cette poursuite comme la source de tous les maux moraux et intellectuels. C'est l'instrument perturbant non seulement de la vie individuelle mais également de la vie sociale sur un plan beaucoup plus vaste. Mes Essais sur le Bouddhisme Zen consacreront un article spécial à ce sujet.

Les Bouddhistes de nos jours regardent à l'extérieur, au lieu de regarder à l'intérieur, dans leur propre mental. Ils se retrouvent ainsi attachés aux formes et au monde. Ce qui revient à violer la vérité.

Le Bouddha se réfère de la manière suivante aux sables du Gange : ces sables sont foulés par tous les Bouddhas, les Bodhisattvas, Sakrendra, et autres devas (dieux) mais, ils ne s'en réjouissent pas pour autant ; ils sont également foulés par des troupeaux, des moutons, des insectes et des fourmis, mais ils n'en sont pas pour autant courroucés ; ils peuvent cacher dans leurs profondeurs toutes sortes de trésors et de substances odorantes, mais ils ne sont point avides ; ils peuvent être souillés par toutes sortes de saletés, de matières nauséabondes, mais ils n'en ont pas horreur. Une attitude mentale de ce genre est celle de celui qui a réalisé l'état de Mushin (« être libre de l'attachement du mental »).

Quand le mental est libéré de toute forme, il réalise le fait qu'il n'y a pas de distinction entre les Bouddhas et les êtres sensibles ; une fois que cet état de Mushin est atteint, la vie bouddhiste est accomplie. Si les bouddhistes ne sont pas capables de voir la vérité de Mushin directement et sans aucune médiation, toutes les disciplines qu'ils ont pu pratiquer pendant des éons ne leur permettront pas de parvenir à l'illumination. Ils resteront toujours esclaves de la notion de discipline et de mérite comme les adeptes du Triple Véhicule et n'arriveront jamais à la libération.

Pour parvenir à cet état mental (mushin) certains sont plus rapides que d'autres. Il y a ceux qui obtiennent un état de mushin tout d'un coup, rien qu'en écoutant un sermon sur le Dharma, et il y a ceux qui y parviennent seulement après être passés par tous les degrés de la carrière du Bodhisattva tels que les dix étapes de la foi, les dix étapes de la concentration, les dix étapes de la discipline et les dix étapes de la conversion. L'obtention du mushin peut se faire en plus ou moins de temps mais, une fois obtenue, c'est une expérience qui met un terme à toute discipline, à toute réalisation et pourtant, il n'y a réellement rien qui soit atteint. Ceci est la vérité pure, sans mensonge. D'autre part, que ce mushin soit obtenu en une pensée ou après les dix étapes, son fonctionnement pratique sera le même et il ne faut pas dire que l'un est plus profond et l'autre plus superficiel. Simplement, le second résultat implique une discipline plus longue et plus rude que le premier.

Les mauvaises actions ou la pratique de la bonté sont également les produits de l'attachement aux formes. Lorsque des mauvaises actions sont commises par attachement aux formes, on aura à souffrir de la transmigration ; quand on pratique la bonté par attachement aux formes, on doit passer par une vie remplie d'épreuves. Il vaut donc beaucoup mieux voir tout de suite l'essence du Dharma si vous l'entendez prêché.

Par le Dharma, on entend le Mental Cosmique, car il n'y a pas de Dharma en dehors du Mental. Le Mental n'est autre que le Dharma car il n'y a pas de Mental en dehors du Dharma. Ce Mental en lui-même est non-Mental (mushin) et il n'y a pas de non-Mental non plus. Lorsque le non-Mental est recherché par un mental, cela revient à en faire un objet particulier de la pensée. Il n'y a que le témoignage du silence et cela dépasse la pensée. Par conséquent, on dit que le Dharma coupe la voie aux paroles et met fin à toute forme de mentation.

Ce Mental est la source, le Bouddha absolument pur en sa nature et il est présent en chacun de nous. Tous les êtres sensibles, aussi misérables et dégradés soient-ils, ne se distinguent pas, en cela, des Bouddhas et les Bodhisattvas ; ils sont tous d'une seule et même substance. C'est seulement à cause de leurs imaginations et de leurs discriminations fallacieuses que les êtres sensibles se fabriquent leur karma et en recueillent les conséquences, alors que, en leur essence de Bouddha proprement dite, il n'y a rien qui corresponde à ce processus ; l'Essence est vide et laisse les choses la traverser, elle est tranquille et au repos, elle illumine, elle est paisible et procure la félicité.

Quand vous obtenez en vous-même une vue profonde de ces choses, vous réalisez immédiatement que tout ce dont vous avez besoin est là, en perfection et en abondance et que absolument rien ne vous manque. Vous vous êtes peut-être discipliné très sérieusement et très courageusement pendant les trois derniers asamkhyeyas de kalpas et vous êtes peut-être passé par tous les stades de la voie du bodhisattva, mais lorsqu'il vous arrive d'avoir une réalisation en un moment de pensée, ce n'est pas autre chose que le fait de savoir que depuis toujours vous êtes le Bouddha lui-même et personne d'autre. Cette réalisation ne vous apporte rien au dessus de cette vérité. Si vous regardez en arrière et considérez toutes les disciplines auxquelles que vous vous êtes soumis, vous vous apercevez qu'elles n'ont pas eu plus de valeur que les événements irréels d'un rêve. C'est pour cela que le Tathagata a dit qu'il n'avait rien atteint lors de son illumination et que s'il avait réellement atteint quelque chose, le Bouddha Dipankara ne se serait jamais porté garant de son illumination.

Le Tathagata a dit également que ce Dharma est parfaitement uniforme et dépourvu d'irrégularités. Par Dharma, on entend la Bodhi. Cela veut dire que le Mental pur, source de toutes choses, est parfaitement uniforme chez tous les êtres sensibles, dans toutes les terres de Bouddha et également dans tous les autres mondes avec leurs montagnes, leurs océans, etc. en toutes choses avec et sans forme. Toutes choses sont uniformes et il n'y a pas de signes de distinction entre un objet et un autre. Ce pur Mental, source de toutes choses, est toujours parfait, lumineux et présent en tous lieux. Les gens ne le savent pas et prennent ce qu'ils voient ou entendent, pensent ou savent pour le Mental lui-même ; de telle sorte que leur regard est voilé, incapable de pénétrer la substance elle-même qui est claire et lumineuse. Quand vous réalisez mushin sans que rien n'intervienne (c'est-à-dire, par l'intuition) la substance elle-même se révèle à vous. C'est comme le soleil dans le ciel, lorsque ses rayons pénètrent les dix régions et que rien ne vient gêner sa diffusion.

C'est pour cette raison que, lorsque des adeptes du Zen négligent de passer au-delà du monde des sens et de la pensée, leurs actes et leurs mouvements n'ont pas de sens. Mais, si les sens et la pensée sont annihilés, toutes les voies vers le Mental sont obstruées et il devient impossible d'y pénétrer. Le Mental primordial doit être appréhendé avec le fonctionnement des sens et de la pensée ; mais il ne leur appartient pas et, en même temps, il n'en est pas indépendant. Ne basez pas vos vues et votre compréhension sur les sens et la pensée, mais, en même temps, ne cherchez pas le Mental en dehors d'eux, ne saisissez pas le Dharma en les rejetant. Lorsque vous n'êtes ni attaché ni détaché d'eux, lorsque vous ne demeurez pas en eux, lorsque vous ne vous accrochez pas à eux, alors, vous pouvez jouir de votre parfaite liberté sans entraves, alors, vous avez trouvé l'assise de l'illumination.

Quand les gens entendent dire que ce qui se transmet d'un Bouddha à l'autre est le Mental Cosmique lui-même, ils s'imaginent qu'il s'agit d'un objet particulier, appelé mental, qu'ils cherchent à saisir ou à réaliser ; mais cela revient à chercher quelque chose en dehors du Mental lui-même ou à créer quelque chose qui n'existe pas. En réalité, seul le Mental Cosmique est. Vous ne pouvez pas le poursuivre en instaurant un autre mental ; tant que vous le poursuivez, serait-ce pendant des centaines de milliers de kalpas, jamais vous ne pourrez dire que vous l'avez attrapé. Ce n'est que lorsque vous vous éveillez subitement à l'état de mushin que vous trouvez votre propre Mental. C'est comme l'histoire de l'homme qui cherchait un joyau qu'il portait sur le front ; s'il se tourne vers l'extérieur, dans les dix directions, il ne le trouvera pas ; mais dès qu'un sage lui indique où il se cache, l'homme s'aperçoit instantanément que son propre joyau n'a jamais quitté sa place.

Le fait que les adeptes du Zen ne reconnaissent pas le Bouddha est dû à ce qu'ils ne savent pas bien où se trouve leur propre Mental. Ils le cherchent au dehors, ils inventent toutes sortes d'exercices qu'ils espèrent maîtriser par degrés et ils s'y efforcent au fil du temps. Pourtant, ils ne parviennent pas à l'illumination. Aucun effort ne peut se comparer à un éveil immédiat à l'état de mushin.

Lorsque vous parviendrez à comprendre définitivement que les choses en leur nature sont sans possessions, sans obtentions, sans dépendance, sans lieu particulier, sans conditionnement mutuel, vous serez libérés de l'imagination et cela, c'est réaliser la Bodhi. Quand la Bodhi est réalisée, votre propre Mental, qui est le Bouddha, est réalisé. On s'aperçoit alors que toute notre activité, si longtemps exercée, n'était rien d'autre qu'un réel entraînement. Lorsque l'homme retrouve le joyau sur son front, l'événement n'a rien à voir avec les efforts perdus lors de sa recherche extérieure. Ainsi, le Bouddha dit : « — Je n'ai rien atteint dans mon obtention de l'Illumination. » Craignant de n'être pas cru, il se réfère aux cinq espèces de regards[34] et aux cinq déclarations[35]. Mais, cela est la vérité, ce n'est point mensonge car c'est la plus haute déclaration de vérité qui puisse être faite.

VII

LES TROIS INVALIDES DE GENSHA[36]

Note Préliminaire

Quand les portes et les cours ont été établies, il y a des deux, il y a des trois, il y a le royaume de la multiplicité ; quand quelqu'un fait un sermon de grande profondeur sur les sujets le plus élevés de l'intuition, un monde de septs et de huits fait son apparition. De quelque manière qu'elles se présentent, les vues et les opinions sont pulvérisées en morceaux et les barricades, même si ce sont des chaînes d'or, sont écartées sans difficulté. Lorsque certains ordres sont donnés des plus hautes instances, toutes traces disparaissent sans rien laisser que l'on puisse traîner derrière soi. Quand rencontrons nous ce genre de koan ? Que celui qui a un œil sur le front s'en charge[37].

Texte

Gensha fit le sermon suivant:
« — Tous les maîtres de valeur de notre époque déclarent qu'ils travaillent pour le bienfait de tous les êtres. (Chacun tient le magasin de ses moyens — Les uns sont riches, les autres sont pauvres.)

---

34. Voir note 18.
35. Dans le Soutra le Diamant (vajracchedika), le Bouddha fait cinq déclarations concernant la vérité de son enseignement.
36. Chinois. Hsuan-sha, 835-908. Le texte qui suit est une traduction littérale du Cas LXXXVIII du Pi-yen Chi, l'un des textes zen les plus importants et les plus connus. Les parenthèses dans le Texte et dans les vers de Seccho sont de Yengo. Au sujet de la nature et de la composition du Pi-yen Chi, consulter mes Essais sur le Bouddhisme Zen, tome II.
37. Cette « Note Préliminaire » cherche à faire abandonner au lecteur son point de vue relatif habituel pour pouvoir atteindre le fond absolu de toutes choses.

« — Les choses étant ce qu'elles sont, que ferez-vous si, soudainement, apparaissent devant vous trois sortes d'invalides ? (— En donnant des coups de bâton dans les mauvaises herbes, nous cherchons à chasser les serpents. — Quand à moi, mes yeux s'en ouvrent tout grands et ma bouche se ferme. — Il nous faut, à tous, battre en retraite, même de trois mille li.)
« — Les aveugles ne vous voient pas même quand vous tenez un maillet ou un hossu (— Aveugles jusqu'à la moëlle. — Ce n'est pas autre chose que « bénéficier à tous les êtres. » — Pas nécessairement aveugles.)
« — Les sourds ne vous entendent pas même quand vous parlez d'abondance. (— Sourds jusqu'à la moëlle ! — Ce n'est pas autre chose que « bénéficier à tous les êtres ». — Pas nécessairement complètement sourds. — Ce quelque chose est encore inconnu.)
« — Les muets ne parlent pas, quelque compréhension intérieure ils puissent avoir. (— Muets jusqu'à la moëlle ! — Ce n'est pas autre chose que « bénéficier à tous les êtres. » — Pas nécessairement complètement muets. — ce quelque chose demeure encore incalculable.)
« — Comment avez-vous l'intention de traîter ces gens ? Si vous ne savez pas quoi en faire, il faut dire que le Bouddhisme ne fait pas de miracles. » (— C'est bien vrai, ce monde. — Je suis prêt à me rendre, les mains jointes. « Bénéficier », c'est déjà fait — A ce moment là, il frappa. »)
Un moine demanda à Ummon (Yun-men) de l'illuminer. (— Il est également important de chercher et de se renseigner. — Frappe. !)
Ummon dit : « — Saluez (— Le vent souffle et les herbes se courbent. — Ch'ua)
Quand le moine se releva de ses salutations (— Le bâton de ce moine est cassé !)
Ummon le poussa avec un bâton et le moine se recula.
Ummon dit : « — Mais alors, vous n'êtes pas aveugle ? » (— Aveugle jusqu'à la moëlle ! — Ne dites pas que ce moine a une vue déficiente.)
Ummon lui dit ensuite de s'approcher. Le moine s'approcha (— Lavé avec une seconde ration d'eau sale ! — Kwannon est venu ! Il aurait mieux valu faire « kwatz ! »)
Ummon dit : « — Mais alors, vous n'êtes pas sourd ? (—

Sourd jusqu'à la moëlle ! — Ne dites pas que ce moine n'entend pas.)

Ummon continua : « — Comprenez-vous ? (— Pourquoi ne le nourrit-il pas avec le bon fourrage ? — C'est dommage qu'il ait parlé !)

« — Non, Maître, je ne comprends pas », répondit le moine. (— Un double koan ! Quel dommage !)

Ummon dit : « Mais alors, vous n'êtes pas muet ? (— Muet jusqu'à la moëlle — Quelle éloquence ! Ne dites pas que ce moine est muet.)

Le moine, à ce point, saisit la signification. (— C'est comme tendre l'arc quand le voleur s'est échappé. — Quelle vieille gamelle cherche-t-il ?)

Commentaires

Gensha fait ce sermon en se basant sur le résultat acquis après des années d'études zen, dans une nudité absolue, dépourvue des parures à bon marché que sont les produits de l'imagination et des concepts. A cette époque, il y avait de nombreux monastères zen rivalisant les uns avec les autres. Gensha faisait souvent le sermon qui suit :

Tous les maîtres de valeur de notre époque déclarent qu'ils travaillent pour le bienfait de tous les êtres. Les choses étant ce qu'elles sont, que ferez-vous si, soudainement, apparaissent devant vous trois sortes d'invalides ? Les aveugles ne vous voient pas même quand vous tenez un maillet ou un hossu. Les sourds ne vous entendent pas même quand vous parlez d'abondance. Les muets ne parlent pas, quelque compréhension intérieure ils puissent avoir. Comment avez-vous l'intention de traiter ces gens là ? Si vous ne savez pas quoi en faire, il faut dire que le Bouddhisme ne fait pas de miracles. »

Si l'on entend ce sermon comme une simple référence aux aveugles, aux sourds et aux muets, on tâtonne vainement dans l'obscurité. C'est pour cela que l'on dit qu'il ne faut pas chercher la signification des mots qui tuent ; on vous demande d'entrer directement dans l'esprit même de Gensha et vous saisirez la signification.

Comme Gensha avait l'habitude de tester ses moines avec ce sermon, l'un d'eux qui était auprès de lui pour quelques temps, l'aborda un jour qu'il arrivait dans la salle du Dharma et lui demanda : « — Me permettez vous de vous présenter ma manière d'interpréter votre sermon sur les trois invalides ? » Gensha dit « — Oui, vous pouvez y aller ». Ce à quoi le moine fit : « — Adieu, o Maître ! » et il quitta la salle. Gensha dit : « — Pas cela, pas cela ! » Nous pouvons voir que ce moine avait complètement compris Gensha.

Plus tard, Hogen (Fa-yen, mort en 958) fit cette remarque : « — Quand j'ai entendu Maître Jizo (Ti-tsang) se référer à la réponse de ce moine, j'ai compris le sermon de Gensha sur les trois invalides. » Je vous demande maintenant : « (— Voici une énigme pour vous, moines !) Si ce moine ne comprenait pas Gensha, comment se fait-il que Hogen ait parlé comme il l'a fait ? Si ce moine avait compris Gensha, pourquoi celui-ci a-t-il dit : « Pas cela, pas cela ! » ?

Un jour, Jizo dit à Gensha : « — On m'a dit que vous aviez fait un sermon sur les trois invalides. Est-ce vrai ? » Gensha répondit « Oui ». Alors, Jizo dit : « — J'ai mes yeux, mes oreilles, mon nez et ma langue ; quel traitement me donneriez-vous ? » Gensha fut pleinement satisfait de cette requête de Jizo.

Quand on comprend Gensha on réalise que son esprit ne doit pas être cherché dans les mots. Vous verrez aussi que ceux qui comprennent se distinguent naturellement du reste des gens.

Plus tard, un moine se rendit chez Ummon (Yun-men, mort en 949), et comme il le questionnait sur le sermon de Gensha, Ummon se trouva tout à fait disposé à l'interpréter car il comprenait parfaitement Gensha. Il s'y prit de la façon suivante : il dit au moine : « — Saluez ». Lorsque le moine se releva de ses salutations, Ummon le poussa avec un bâton et le moine se recula. Ummon dit : « — Mais alors, vous n'êtes pas aveugle ? » Puis, Ummon lui dit de s'approcher et le moine s'approcha. Ummon lui dit : « Mais alors, vous n'êtes pas sourd ? » Pour finir, il dit : « — Comprenez-vous ? » ; le moine lui ayant répondu : « — Non, Maître », Ummon remarqua : « Mais alors, vous n'êtes pas muet ? » Cela provoqua la compréhension chez le moine.

Si ce moine de Ummon avait eu quelque compréhension de Gensha, il aurait donné un coup de pied dans la chaise du

maître quand on lui dit de saluer et on en serait resté là. En attendant, j'aimerais vous demander si Ummon et Gensha ont tous les deux compris le problème de la même façon ou non. Je peux vous dire que leur compréhension est orientée en un seul point. Si les anciens maîtres reviennent parmi nous et emploient toutes sortes d'artifices, c'est parce qu'ils désirent que nous mordions à l'hameçon pour nous faire attraper. Ainsi, ils se livrent parfois à des remarques acides pour nous faire déboucher sur le grand événement de cette vie.
Mon propre maître Goso (Wu-tsu, mort en 1104) disait ceci : « — Ici, il y a quelqu'un qui sait bien parler mais n'a aucune compréhension ; là, c'est un autre qui comprend mais est bien incapable d'en parler. Quand ils se présentent tous les deux devant vous, comment les distinguez vous l'un de l'autre ? Si vous ne parvenez pas à faire la distinction, vous ne pouvez pas espérer libérer les gens de leur asservissement et de leurs attachements. Mais, si vous y parvenez, je ferai en sorte que, dès que vous serez entrés dans mon jardin, ayant chaussé ma paire de sandales, je me mettrai à courir à l'intérieur de votre corps plusieurs fois avant même que vous le réalisiez. Cependant, si le sujet en question vous échappe, pourquoi vous agiter en essayant de trouver une vieille gamelle ? Autant vous en aller ! »

Voulez vous savoir la signification ultime de toutes ces complications concernant l'aveugle, le sourd et le muet ? Voyons ce que Seccho a à en dire.

Remarques versifiées de Seccho

Aveugle, sourd, muet (— Avant même que le moindre mot ne soit proféré —. Les trois organes des sens sont en parfait état.— Un paragraphe déjà achevé !)
Infiniment au-delà de la portée des artifices de l'imagination ! (— Où voulez-vous le trouver ? Y a-t-il ici quoi que ce soit qui vous permette tous ces calculs ? — Quels rapports ont-ils, après tout ?)
Au-dessus, le ciel, et en dessous, le ciel ! (— Parfaitement libre est le fonctionnement de la Vérité. — Tu l'as dit !)
Comme c'est grotesque ! Comme c'est décourageant !

(— Qu'y a-t-il de si grotesque, de si décourageant ? En partie brillant, en partie sombre.)
Li-lou en sait pas comment distinguer la couleur juste.
(— Espèce d'aveugle ! Un bon artisan ne laisse pas de traces derrière lui.— Aveugle jusqu'à la moëlle !)
Comment Shih-k'uang peut-il reconnaître le mystérieux son ?
(— Sourd des oreilles ! Il n'y a pas de moyen pour évaluer le mérite le plus grand. Sourd jusqu'à la moëlle !)
A quoi peut-on comparer ceci ? Être tranquillement assis, seul à la fenêtre (— C'est la manière à poursuivre — N'essayez pas de gagner votre vie dans une antre de fantômes.— Démollissez d'un seul coup ce casque de goudron !)
Je regarde les feuilles tomber et les fleurs éclore au fil des saisons.
(— En quelle saison pensez-vous que nous soyons maintenant. Ne considérez pas cela comme ne rien faire.— Aujourd'hui, le soir succède au matin ; demain, le soir succède au matin.)
Seccho remarqua alors : « — Comprenez-vous ou non ? « — Répété dans la gatha »)
Une barre de fer sans trou ! (— Vous arrivez là avec votre propre confession ! — C'est un peu fort qu'il ait été libéré aussi facilement ! — « Et alors, il frappa »)

Commentaire de Yengo sur Seccho

« Aveugle, sourd, muet !

Infiniment au-delà des artifices de l'imagination ! »

Avec cela, Seccho vous a tout enlevé, ce que vous soyez avec ce que vous ne voyez pas, ce que vous entendez avec ce que vous n'entendez pas et ce que vous dites avec ce que vous ne pouvez pas dire. Tout cela est complètement balayé et vous arrivez à la vie d'aveugle, sourd et muet. Ici, toutes vos imaginations, vos artifices et vos calculs sont définitivement détruits, ils ne servent plus, c'est là le plus haut point du Zen, c'est là où nous avons la vraie cécité, la vraie surdité, le vrai mutisme, chacun dans son aspect le plus naturel, le plus dépouillé d'effet.

« Au-dessus, le ciel et au-dessous, le ciel ! Comme c'est grotesque ! Comme c'est décourageant ! »

Ici, Seccho lève une main en l'air et baisse l'autre vers le sol. Dites-moi ce qu'il trouve de si grotesque et de si décourageant. Il est grotesque que ce muet ne soit pas muet, après tout. Que ce sourd ne soit pas sourd ; il est décourageant que celui qui n'est pas du tout aveugle soit aveugle tout de même et que celui qui n'est pas du tout sourd soit sourd tout de même.

« — Li-lou ne sait pas comment distinguer la couleur juste. »
Comme il est incapable de distinguer le bleu du jaune, le rouge du blanc, il est certainement aveugle. Il vivait sous le règne de l'empereur Huang. On dit qu'il pouvait voir le bout d'un cheveu à une distance de cent pas. Son acuité visuelle était extraordinaire. Un jour, l'empereur Huang, en voyage d'agrément sur le fleuve Ch'ih, laissa tomber un bijou précieux dans l'eau et il demanda à Li de le lui retrouver. Mais, ce dernier n'y parvint pas. L'empereur demanda alors à Ch'ih-kou de chercher à son tour, mais celui-ci ne put rien trouver non plus. Enfin, ce fut Hsiang-wang qui ramena le bijou. Lisez les vers suivants :
« — Quand Hsiang-wang plonge, le précieux joyau brille de tous ses feux ;
Mais, là où Li-lou s'avance, les vagues s'élèvent jusqu'au ciel. »

Lorsque nous parvenons à ces sphères élevées, les yeux de Li-lou lui-même ne parviennent pas à distinguer la couleur juste.
« — Comment Shih-kuang peut-il reconnaître le mystérieux son ? »
Shi-Kuang était le fils de Ching-Kuang de Chin en la province de Chiang sous la dynastie des Chou. Son autre nom était Tzu-yeh. Il pouvait distinguer parfaitement les cinq sons et les six notes, il pouvait même entendre les fourmis se battre de l'autre côté de la colline. Quand Chin et Ch'u furent en guerre l'un contre l'autre, Shih-Kuang put dire, rien qu'en jouant paisiblement des cordes de son luth, que la bataille serait défavorable à Ch'u. Malgré son extraordinaire sensibilité, Seccho (Hsueh-t-ou) déclare qu'il est incapable de reconnaître le mystérieux son. Après tout, qui n'est pas du tout sourd est réellement sourd des oreilles. La note la plus exquise dans les

plus hautes sphères est en tout cas hors de la portée d'audition de Shih-Kuang. Seccho dit : « Je ne veux pas être un Li-Lou ni un Shih-Kuang », mais :
« — A quoi peut-on comparer ceci ? Être tranquillement assis, seul à la fenêtre,
Je regarde les feuilles tomber et les fleurs éclore au fil des saisons. »

Quand on parvient à ce stade de la réalisation, voir est la même chose que ne pas voir, entendre la même chose que ne pas entendre, prêcher la même chose que ne pas prêcher. Quand on a faim, on mange, quand on est fatigué, on dort. Laissons les feuilles tomber et les fleurs éclore comme elles veulent. Quand les feuilles tombent, je sais que c'est l'automne ; quand les fleurs éclosent, je sais que c'est le printemps. Chaque saison a ses caractères particuliers.

Ayant tout nettoyé devant vous, Seccho ouvre maintenant un passage en disant : « — Comprenez vous ou non ? » Il a fait tout ce qu'il pouvait pour vous, il est épuisé ; il ne peut plus que se retourner et vous offrir cette barre de fer sans trou. C'est une expression tout à fait significative. Regardez de vos propres yeux ! Si vous hésitez, vous manquez le coche définitivement.

Yengo (Yuan-wu), l'auteur de ce commentaire leva alors son hossu et dit : « — Vous voyez ? » Puis il frappa son siège et dit : « — Vous entendez ? » Descendant de la chaire, il dit : « — Nous parlions de quelque chose ? »

VIII

LES DIX TABLEAUX DU DRESSAGE DE LA VACHE

L'auteur de ces « Dix Tableaux du Dressage de la Vache » est connu comme maître zen de l'école Rinzai sous la dynastie Song et du nom de Kaku-an Shi-en (Kuo-an Shih-yuan). Il est également l'auteur des poèmes et des commentaires accompagnant les Dix Tableaux. Il ne fut cependant pas le premier à illustrer par des images les divers stades de la disicipline zen ; dans sa préface aux tableaux, il mentionne un autre maître zen nommé Seikyo (Ching-chu) sans doute son contemporain, qui employa aussi le symbole de la vache sauvage pour illustrer son enseignement du Zen. Mais chez Seikyo, le développement progressif de la vie zen se traduisait par un blanchiment graduel de l'animal pour finir par sa disparition complète. Il n'y avait que cinq tableaux au lieu des dix de Kaku-an. Celui-ci pensait que cette série d'images pouvait induire en erreur à cause du cercle vide représentant l'aboutissement de la discipline Zen. Cela pouvait conduire à penser que le simple vide est ce qu'il y a de plus important et que c'est l'objectif final. C'est pourquoi sa présentation des « Dix Tableaux » que nous connaissons est certainement un progrès.

Selon un commentateur des Tableaux de Kaku-an, il existe une autre série de Tableaux par un maître Zen appelé Jitoku Ki (Tzu-te-Hui) qui connaissait apparemment les cinq Tableaux de Seikyo, car ceux de Jitoku sont au nombre de six. Le dernier, le numéro six, transcende le stade du vide absolu qui finit la série de Seikyo. Voici le poème :

« Au-delà même des limites ultimes, il y a un passage,
Par lequel il revient dans les six royaumes de l'existence ;
Toute affaire du monde est un processus bouddhique,
Et où qu'il se rende, il y trouve l'air familier de sa demeure ;
Même s'il est environné de boue, il apparaît tel un joyau,
Même s'il se trouve auprès d'une fournaise, il brille, tel de l'or pur.
Tout au long de la route infinie (de la naissance et de la mort), il s'avance, se suffisant à lui-même.
Qu'il soit lié aux autres ou non, toujours à l'aise, il procède, sans attachement. »

La vache de Jitoku devient plus blanche que celle de Seikyo et, sur ce plan, leurs deux conceptions diffèrent de celle de Kaku-an. Chez ce dernier, il n'y a pas de blanchiment. Au Japon, les Dix Tableaux connurent un large succès et actuellement, tous les livres sur le Dressage de la Vache les reproduisent. Les plus anciens sont, je pense, du quinzième siècle. Cependant, en Chine, il semble qu'une autre édition ait été à la mode, appartenant à la série des tableaux de Seikyo et de Jitoku. L'auteur en est inconnu. L'édition comportait une préface de Chu-hung (1585) avec dix tableaux dont chacun est précédé d'un poème de Pu-ming. Qui était ce Pu-ming ? Chu-hung lui-même avoue son ignorance. Dans ces tableaux, la couleur de la vache change au cours du dressage. Nous reproduisons ici les étranges gravures originales chinoises et les vers de Puming sont traduits en français.

Donc, dans la mesure où je peux les identifier, il y a quatre séries de Tableaux du Dressage : 1) par Kaku-an 2) par Seikyo 3) par Jitoku 4) par un auteur inconnu.

Les tableaux de Kaku-an reproduits ici sont peints par Shubun, prêtre zen du quinzième siècle. Les peinture originales se trouvent à Shokokuji, Kyoto. Cet artiste fut l'un des plus grands peintres en blanc et noir de la période Ashikaga.

Les Dix Tableaux du Dressage de la Vache
par Kaku-an

I. *Recherche de la Vache*

I

RECHERCHE DE LA VACHE

Elle ne s'est jamais égarée. Pourquoi la chercher ? Si le bouvier ne se sent pas plus près d'elle, c'est parce qu'il a violenté sa propre nature intérieure. Il a perdu l'animal parce qu'il s'est égaré lui-même à cause de ses sens trompeurs. Son home s'éloigne de lui et les chemins s'embrouillent en tous sens. L'appât du gain et la peur de perdre brûlent en lui comme le feu ; les idées de bien et de mal se pressent dans son esprit.

Seul dans ces lieux sauvages, perdu dans la jungle, le jeune bouvier cherche, cherche ! Les eaux en crue, les montagnes lointaines et le chemin interminable ! Épuisé, désespéré, il ne sait plus où aller, n'entendant plus que le chant des cigales au milieu des érables.

II. *Apparition des Traces*

II

APPARITION DES TRACES

A l'aide des soutras et en cherchant dans les doctrines, il est parvenu à comprendre quelque chose, il a trouvé les traces. Il sait maintenant que nos instruments, dans leur variété, sont tous faits d'or et que le monde objectif est une réflexion du Soi. Pourtant, il est encore incapable de distinguer ce qui est bon de ce qui ne l'est pas, son esprit ne distingue pas encore bien ce qui est vrai de ce qui est faux. Comme il n'a pas encore franchi la porte d'entrée, on dit provisoirement qu'il a seulement aperçu les traces.

>Près du ruisseau, sous les arbres, on peut voir quelques traces imprécises de l'animal perdu ;
>Les herbes doucement arômatisées se font plus épaisses ;
>A-t-il trouvé le chemin ?
>Flânant bien loin par delà les collines,
>La bête lève son museau qui touche le ciel,
>Et cela, nul ne peut le cacher.

III. *Découverte de la Vache*

III

Découverte de la Vache

Le bouvier trouve son chemin par le son ; c'est par là qu'il voit l'origine des choses et tous ses sens sont maintenant harmonisés. Cette harmonie se manifeste dans tous ses actes. C'est comme le sel dans l'eau, la base dans la couleur. (La chose est présente bien qu'on ne la distingue pas comme une entité séparée). Quand son regard sera correctement accomodé, le jeune bouvier s'apercevra que cette harmonie n'est pas autre chose que lui-même.

Sur la plus haute des branches, un rossignol chante à tue-tête ;
Le soleil est chaud, la brise rafraîchissante ; au bord de l'eau, on voit les saules bien verts ;
La vache est là, toute seule ; elle ne peut plus se cacher nulle part ;
Sa tête superbe ornée de cornes majestueuses — quel peintre pourrait-il la représenter ?

IV. *Capture de la Vache*

IV

Capture de la Vache

Perdu si longtemps dans ces lieux sauvages, le bouvier a enfin trouvé la vache, il la touche. Mais, à cause de la pression irrésistible du monde extérieur, il a de la peine à la tenir. Elle regrette les champs odorants d'antan. Sa nature sauvage est encore indomptée et refuse absolument de se laisser briser. Si le bouvier veut que la vache soit en complète harmonie avec lui, il lui faudra sûrement employer le fouet sans compter.

> Avec toute l'énergie en son pouvoir, le bouvier a enfin attrapé la vache ;
> Mais comme elle est sauvage ! Comme elle est difficile à diriger !
> Parfois, elle escalade orgueilleusement un plateau,
> Et la voilà perdue à nouveau dans la brume d'une gorge impénétrable.

V. *Dressage*

V

DRESSAGE

Quand une pensée s'élève, une autre pensée la suit, puis une autre — en une série interminable. Par l'illumination tout cela se transforme en vérité ; l'erreur surgit seulement lorsque la confusion domine. Les choses nous écrasent, non pas à cause d'un monde objectif mais à cause de notre mental qui se dupe lui-même. Ne relâchez pas les rênes, gardez les bien tendues, ne permettez pas la moindre secousse.

Le bouvier ne doit jamais se séparer de son fouet ni de la corde,
De peur que l'animal n'aille vagabonder dans un monde de souillures ;
Si elle est bien gardée et correctement soignée, la vache va devenir pure et docile ;
Et, sans liens ni rien pour l'attacher, d'elle-même elle suivra le jeune bouvier.

VI. *Retour sur le Dos de la Vache*

VI

Retour sur le Dos de la Vache

La bataille est finie ; l'homme ne se préoccupe plus de gain ni de perte. Il fredonne un air rustique de bûcheron, il chante les simples chansons de village pour les enfants. S'installant sur le dos de la vache, les yeux par delà les choses de la terre, il ne tourne pas la tête même si on l'appelle ; aucune séduction ne le retiendra plus, désormais.

A cheval sur la bête, il rentre tranquillement chez lui ;
Dans la brume du soir, le son de la flûte est si beau !
Il chante son air, il bat la mesure, son cœur est empli d'une indescriptible joie !
Il est maintenant de ceux qui savent, est-il besoin de le dire ?

VII. *La Vache oubliée, l'Homme est Seul*

VII

LA VACHE OUBLIÉE, L'HOMME EST SEUL

Les dharmas sont un, la vache est symbolique. Quand vous savez que ce dont vous avez besoin, ce n'est pas le piège ni le filet mais le lièvre ou le poisson, c'est comme l'or séparé de ses impuretés, c'est comme la lune sortant des nuages. Le rayon de la lumière unique, celui qui précède la création elle-même, brille, pénétrant et serein.

A cheval sur la bête, il est enfin de retour chez lui,
Et voilà que la vache a disparu ; l'homme est seul, assis tranquillement.
Bien que le soleil rouge soit déjà haut dans le ciel, il est encore paisiblement dans ses rêves,
Sous le toit de chaume, son fouet et sa corde inutiles sont posés près de lui.

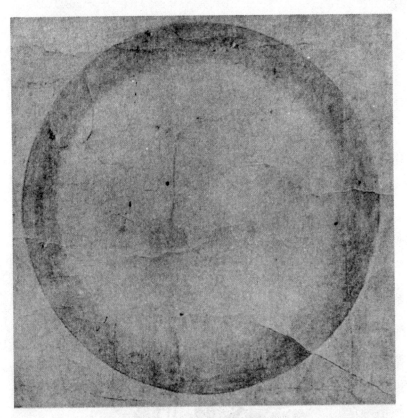

VIII. *La Vache et l'Homme ont disparu*

VIII

LA VACHE ET L'HOMME ONT DISPARU[38]

Toute confusion est écartée et la sérénité seule demeure ; il n'y a même pas l'idée de sainteté. Il ne s'attarde pas là où est le Bouddha et là où il n'y a pas de Bouddha, il passe rapidement. Là où il n'y a pas de dualisme, même doté d'un millier d'yeux, on ne peut trouver la moindre brèche. Une sainteté devant laquelle les oiseaux portent des fleurs n'est qu'une dérision.

Tout est vide : le fouet, la corde, l'homme et la vache :
Qui a jamais pu contempler l'immensité du ciel ?
Sur le brasier en flammes, il est impossible qu'un seul flocon de neige puisse tomber ;
Quand il en est ainsi, c'est l'esprit manifesté du maître ancien.

---

38. Il est intéressant de noter ce qu'un philosophe mystique dit à ce sujet : « Un homme deviendra vraiment pauvre et aussi libre de sa volonté de créature que lorsqu'il est né. Et, je vous le dis, par la vérité éternelle : tant que vous voulez accomplir la volonté de Dieu et tant que vous désirez l'éternité et Dieu — vous ne serez pas vraiment pauvres. Seul celui qui ne veut rien, ne sait rien, ne désire rien, seul celui-là a la véritable pauvreté spirituelle. » (Maître Eckart, cité par Inge dans Lumière, Vie et Amour).

IX. *Retourner à l'origine, à la Source*

IX

Retourner à l'Origine, à la Source

Depuis le tout premier commencement, pur et immaculé, l'homme n'a jamais été affecté par les souillures. Il contemple le déploiement des choses en demeurant dans la sérénité immuable de la non affirmation. Il ne s'identifie pas avec les transformations illusoires qui l'environnent, il ne travaille pas davantage sur lui-même, ce qui serait tout aussi artificiel. Les eaux sont bleues, les montagnes vertes ; assis seul, il regarde les choses changer.

Retourner à l'Origine, revenir à la Source, c'est déjà un faux pas !
Il vaut bien mieux rester chez soi, aveugle et sourd, sans s'agiter ;
Assis dans sa hutte, il ignore les choses du dehors,
Voyez les ruisseaux qui coulent — où vont-ils ? nul ne le sait ; et les fleurs éclatantes, pour qui sont-elles ?

X. *Entrer dans la Cité en répandant des bénédictions*

X

ENTRER DANS LA CITÉ EN RÉPANDANT DES BÉNÉDICTIONS

La porte de la chaumière est fermée et le plus sage lui-même ne le connaît pas. Personne ne peut avoir la moindre idée de sa vie intérieure car il va son chemin sans suivre les pas des anciens sages. Portant sa gourde[39], il va au marché, appuyé sur un bâton[40], il rentre chez lui. On le trouve en compagnie d'amateurs de vin et de bouchers ; lui et eux sont tous transformés en Bouddhas.

Torse nu, pieds nus, il arrive sur la place du marché,
Couvert de boue et de cendres, comme son sourire est beau !
Il n'est pas besoin du pouvoir miraculeux des dieux
Car il lui suffit de poser ses mains et, voyez, les arbres morts sont soudain recouverts de fleurs !

---

39. Symbole du Vide (sunyata).
40. Il ne possède rien de superflu car il sait que le désir de posséder est le fléau de la vie humaine.

Les Dix Tableaux du Dressage de la Vache

Série II

Tableau 1 Indiscipliné

Les cornes fièrement dressées vers le ciel, l'animal s'ébroue,
Dans une course folle, au gré des sentiers de montagne, disparaissant dans les lointains !
Un nuage noir s'avance à l'entrée de la vallée ;
Que d'herbe fraîche piétinée sous ses pattes sauvages !

Tableau 2 Commencement de la Discipline

Je possède une belle corde et je la lui passe dans le museau ;
Tout d'abord, la bête tente brutalement de s'en dégager,
Mais je lui assène des coups de fouet bien appliqués ;
L'animal lutte contre le dressage de toute la force de sa nature sauvage et indomptée,
Mais le bouvier ne relâche pas un instant sa corde et son fouet ne cesse de frapper.

Tableau 3 Le Harnais

S'habituant peu à peu à ses liens, l'animal est maintenant satisfait d'être conduit ;
Il traverse les ruisseaux, escalade les sentiers de montagne, suivant chacun des pas de son guide ;
Celui-ci tient solidement la corde en mains sans jamais la relâcher ;
Tout le jour, il demeure sur le qui-vive, presque inconscient de sa fatigue.

Tableau 4 Face à Face

Après de longues journées d'entraînement, les résultats commencent à apparaître et l'animal fait face au bouvier.
Sa nature sauvage et indomptée est enfin brisée, il est devenu plus gentil ;
Mais l'homme ne lui a pas encore donné toute sa confiance,
Et tient toujours en mains la corde avec laquelle il a attaché la bête à un arbre.

Tableau 5 Dompté

Sous le jeune saule, auprès du vieux torrent,
La vache est laissée à ses plaisirs ;
A la tombée du jour, quand la brume légère descend doucement sur la prairie,
Le bouvier prend le chemin du retour et l'animal le suit paisiblement.

Tableau 6 Sans Entraves

Sur l'herbe verdoyante, l'animal repose doucement,
sans penser au temps qui passe,
Il n'est plus besoin de fouet, ni d'aucune sorte de contrainte ;
Le bouvier lui aussi est assis tranquillement sous un pin ; il joue un chant de paix, au comble de la joie.

Tableau 7 Laissez faire

Le ruisseau, sous le soleil du soir, coule paresseusement parmi les saules,
Dans l'air brumeux, l'herbe de la prairie semble plus riche ;
Quand elle a faim, elle broute, quand elle a soif, elle boit à longs traits et le temps s'écoule doucement.
Tandis que le bouvier somnole au fil des heures sur son rocher, sans rien voir de ce qui se passe autour de lui.

Tableau 8 Tout est oublié

La vache, toute blanche maintenant, est environnée de nuages également blancs,
Le jeune homme est parfaitement à l'aise et sans soucis, ainsi que sa compagne ;
Les nuages blancs sous le clair de lune projettent leur ombre blanche sur terre ;
Les nuages blancs et le brillant clair de lune — chacun suivant sa course.

Tableau 9 La lune solitaire

L'animal a disparu et le bouvier est le maître de son temps ;
Nuage solitaire flottant légèrement au milieu des pics de montagne,
Il frappe des mains et chante joyeusement au clair de lune ;
Il sait pourtant qu'il lui reste à franchir un dernier mur avant de rentrer définitivement chez lui.

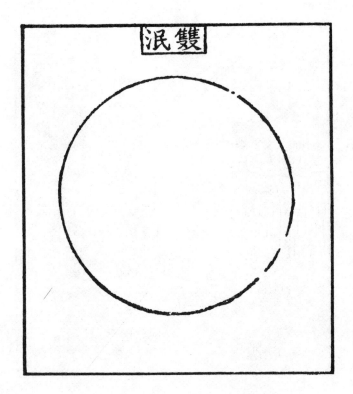

Tableau 10 Tous deux disparus

L'homme et l'animal ont disparu tous les deux sans laisser de traces,
Le brillant clair de lune est vide et sans ombres malgré les dix mille choses qui s'y trouvent ;
Si l'on vous demande la signification de tout cela, pensez aux lis des champs et à leur fraîcheur délicieuse.

Chapitre V

MAÎTRES ZEN JAPONAIS

Dai-o (1235-1308), Daito (1282-1336) et Kwanzan (1277-1360) sont les trois flambeaux de l'histoire du Zen Rinzai japonais. Tous les maîtres japonais du Zen Rinzai contemporain sont leurs descendants. Dai-o se rendit en Chine du sud où il étudia le Zen sous la direction de Kido (Hsu-t'ang) ; les grands espoirs du maître devant ce disciple étranger se trouvèrent pleinement justifiés comme le prouvera l'histoire du Zen japonais. Daito fut le fondateur du monastère Daitokuji et Kwanzan celui du monastère de Myoshinji, tous deux à Kyoto. Muso, (1273-1351), qui avait suivi une autre filière de maîtres zen, était particulièrement versé dans les réalisations artistiques. Bien des jardins célèbres de sa composition sont encore parfaitement préservés. Il fonda de nombreux temples dans tout le Japon, dont le plus remarquable est le temple Tenryuji à Saga, près de Kyoto. Hakuin (1685-1768) fut le père du zen Rinzai moderne. Sans lui, on ne sait pas ce que serait devenu le Zen au Japon. Il n'a pas fondé de temples d'importance ; il menait une vie simple dans un petit temple de la province Suruga, se consacrant à la formation des moines zen et à la propagation de son enseignement chez les laïques.

Maîtres Zen Japonais

I

« LE ZEN » DE DAI-O KOKUSHI

 Il y a une réalité qui précède le ciel et la terre ;
Elle n'a pas de forme, encore moins de nom,
Les yeux ne peuvent pas la voir ;
Les oreilles sont incapables de percevoir sa voix ;
L'appeler Mental ou Bouddha serait violer sa nature,
Car ainsi elle deviendrait semblable à une fleur hallucinatoire flottant dans l'espace ;
Elle n'est pas le Mental, elle n'est pas le Bouddha ;
Elle est absolument paisible et pourtant lumineuse, assez mystérieusement.
Elle ne se laisse percevoir que par les regards clairs
Elle est le Dharma véritablement au-delà de la forme et du son ;
Elle est le Tao qui n'a que faire des mots.
Comme il voulait attirer les aveugles,
Le Bouddha s'est amusé à émettre quelques mots de sa bouche d'or ;
Depuis lors, le ciel et la terre sont emplis de rosiers emmêlés.
O, mes bons amis, ici assemblés,
Si vous voulez entendre le tonnerre du Dharma,
Tarissez le flux de vos paroles, videz vous des pensées,
Car alors, vous arriverez peut-être à reconnaître cette Essence Une.

Le frère Hui dit : « Il ne faut pas abandonner le Dharma du Bouddha à des sentiments simplement humains. »

II

EXHORTATION DE DAI-O KORUSHI[1]

Ceux qui franchissent le portail du Bouddhisme doivent avant tout avoir une foi ferme en la dignité et la respectabilité de la vie monocale, car c'est une voie qui les libère de la pauvreté et de l'origine humble. Cette dignité découle de la filiation de Dharmaraja du triple monde ; aucune dignité princière, forcément limitée au plan terrestre, ne peut lui être comparée. Sa respectabilité est celle de la paternité de tous les êtres sensibles ; aucune respectabilité parentale, limitée au plan restreint de la famille, ne peut l'égaler. Lorqu'un moine se trouve sur ce terrain de dignité et de respectabilité, menant sa vie dans la grotte du Dharma où il jouit du bonheur suprême de la vie spirituelle, sous la protection bénie de tous les dieux gardiens du Triple Trésor, est-il une forme de béatitude supérieure à cela ?

La tête rasée et la robe teinte sont les nobles symboles de l'état de bodhisattva ; les temples superbement ornés sont les emblèmes honorifiques de la vertu bouddhique, ce qui n'a rien à voir avec un simple effet décoratif.

Il se trouve que le moine, adoptant ces formes de dignité et de respectabilité, reçoit toutes sortes d'offrandes de ses adeptes, il se trouve qu'il lui est possible de poursuivre paisiblement sa recherche de la vérité, sans se soucier des travaux et des occupations du monde — tout cela, grâce aux pensées d'amour des Bouddhas et des Patriarches. Si ce moine ne parvient pas à traverser en cette vie le fleuve de la naissance et de la mort, quand croit-il qu'il pourra s'acquitter des sentiments d'affection que lui prodiguent ses prédécesseurs ? Au cours du temps, nous sommes toujours susceptibles de manquer les occasions ;

---

1. Ce texte est le dernier qu'il ait laissé à ses disciples avant de mourir.

que le moine soit donc toujours vigilant afin de ne pas se laisser aller à la paresse.

La mystérieuse ligne orthodoxe de transmission établie par les Bouddhas et les Patriarches, telle est la voie unique qui mène aux plus hauts sommets et en suivant cette voie incomparable, on est à même de se rendre compte de ce qu'ils ont fait pour nous. Lorsqu'un moine s'abstient de s'entraîner sur ce chemin, il s'écarte de la dignité et de la respectabilité de la vie monacale, sombrant ainsi dans les bas fonds de la pauvreté et de la misère. En vieillissant, c'est mon plus grand regret ; moines, je ne me suis jamais lassé, jour et nuit, de vous exhorter vivement dans ce sens. Maintenant, au soir de ma vie, mon cœur s'attarde auprès de vous, et je prie sincèrement que ne vous fasse jamais défaut la vertu de la dignité et de la respectabilité monacales et que vous soyez toujours conscients de ce qui fait la véritable vie monastique. Je vous conjure d'en être bien conscients, O moines ! Ceci est le conseil de mère de Nampo[2] ; vieux moine-mendiant du monastère de Kencho.

III

EXHORTATION DE DAITO KOKUSHI

Moines ! vous qui êtes dans ce monastère de montagne, rappelez-vous que vous êtes assemblés ici pour la religion et non pour les vêtements ou la nourriture. Tant que vous aurez des épauples (c'est-à-dire un corps), il vous faudra porter des vêtements et tant que vous aurez une bouche, il vous faudra absorber de la nourriture. Veillez constamment, tout au long des douze heures du jour, à vous consacrer à l'étude de l'Impensable. Le temps passe comme une flèche, ne vous laissez jamais déranger par des soucis mondains. Soyez sans cesse sur le qui-vive, sans relâche. Après mon départ, il se peut que certains d'entre vous dirigent quelques temples bien prospères,

---

2. Nampo est le vrai nom de Dai-o Kokushi. Dai-o fut son titre honorifique posthume.

avec des tours, des grandes salles, des livres saints décorés d'or et d'argent ; il pourra y avoir des foules d'adeptes bruyants ; certains d'entre vous pourront passer des heures à lire les soutras et à réciter les dharanis ou ils s'adonneront à de longues heures de contemplation assise sans dormir ; ou, prenant un seul repas par jour et respectant les calendriers de jeûne, vous pourrez mener les pratiques religieuses aux six périodes du jour. Mais, même quand, parmi vous, ceux là seront ainsi consacrés à la cause, si leurs pensées ne sont pas vraiment dirigées sur la Voie mystérieuse et intransmissible des Bouddhas et des Patriarches, il pourra alors leur arriver d'oublier la loi de causalité morale pour finir par la ruine complète de la vraie religion. Ceux-là sont de la famille des esprits du mal ; que cela arrive tôt après ma mort ou beaucoup plus tard, il ne faudra pas les appeler mes descendants. Mais, s'il se trouve un seul individu vivant en solitude dans une pauvre hutte avec une botte de paille, se nourrissant de racines de mauvaises herbes qu'il aura cuites dans un chaudron aux pieds cassés ; et s'il s'applique à cultiver son développement spirituel personnel avec une concentration totale, ce sera lui qui aura une entrevue quotidienne avec moi et saura comment montrer sa gratitude pour la vie qu'il a reçue. Qui pourrait jamais mépriser un tel homme ? O, moines, soyez diligents, soyez diligents[3].

Dernier Poème de Daito Kokushi

Les Bouddhas et les Patriarches coupés en morceaux !
L'épée est toujours bien tranchante !
Là où la roue tourne,
Le Vide grince des dents.

---

3. Cette exhortation est lue ou plus exactement chantée avant le sermon (ou Teisho) dans les monastères relevant de quelque manière de la ligne du maître.

IV

EXHORTATION DE KWANZAN KOKUSHI

C'est à la période Shogen (1259) que notre ancêtre le vénérable Dai-o traversa le grand océan houleux pour aller étudier le Zen des Song. Il interrogea Hsu-t'ang (Kido), le grand maître zen de Ching-tz'u (Jinzu) et, avec lui, Dai-o se consacra de tout son cœur à la réalisation de l'expérience Zen. Pour finir, c'est à Chiang-shan (Kinzan) qu'il parvint à maîtriser tous les secrets. C'est pour cette raison que son maître le loua pour « avoir une fois encore parcouru la voie » et quelqu'un prophétisa que « le nombre de ses descendants ne cesserait de s'accroître ». C'est donc à notre vénérable ancêtre que revient le mérite d'avoir apporté dans ce pays la lignée légitime de l'école Yang-ch'i (Yoga).

Mon vénérable maître Daito suivit ensuite Dai-o qui séjournait dans le quartier ouest de la capitale ; veillant personnellement sur lui, il fut en contacts étroits avec le maître lorsqu'il résidait à Manju, Kyoto et à Kencho, Kamakura. Pendant toutes ces années de service, Daito ne dormit jamais dans un lit. Sur bien des points, il nous rappelle les anciens maîtres. Lorsqu'il arriva enfin à la maîtrise du Zen, le vénérable Dai-o lui donna son attestation mais il lui ordonna de faire mûrir son expérience pendant vingt ans dans une retraite paisible. Mon maître se révéla comme un grand successeur de son illustre maître Dai-o et vraiment digne de lui. Il redonna vie au Zen qui se trouvait alors dans une période de déclin ; il laissa à ses adeptes une exhortation où il les encourageait à toujours garder le véritable esprit de la discipline Zen bien vigoureux et bien vivant ; tel est son immense mérite.

Si j'ai obéi à l'auguste injonction de Sa Sainteté l'Ex Empereur Hanazono en créant ce monastère, c'est grâce à l'amour réellement maternel de mon regretté maître qui a mâché la nourriture de son incapable bébé. O, mes disciples ! vous pouvez m'oublier un jour, mais si vous oubliez les pensées d'amour de Dai-o et de Daito, vous ne serez plus mes descendants. Je vous demande de faire tous vos efforts pour saisir l'origine des choses. Po-yun (Hakuun) avait été impressionné par le grand mérite de Pai-chang (Hyakjo) et Hu-ch'iu (Kokyu) avait été touché par les mots d'avertissement de Po-yun (Hakuun). Tels sont nos précédents. Vous ferez bien de ne pas commettre la faute de ramasser des feuilles ou des branches au lieu de vous saisir de la racine elle-même.

V

EXHORTATION DE MUSO KOKUSHI[4]

J'ai trois sortes de disciples : ceux qui s'appliquent avec une bonne concentration à leur entraînement spirituel, en rejetant vigoureusement toutes conditions gênantes : ceux-là sont de premier ordre. Il y a ensuite ceux qui ont une concentration un peu moins bonne, leur attention dispersée, mais qui se passionnent pour l'étude livresque ; ceux-là sont de second ordre. Puis, il y a ceux qui, sans se préoccuper de chercher leurs propres dispositions spirituelles, se consacrent uniquement aux miettes laissées par les Bouddhas et les Patriarches ; ceux là sont du niveau le plus bas. Quant à ceux qui se laissent intoxiquer par la littérature mondaine et se posent comme hommes de lettres, simples laïques à la tête rasée, ils ne se situent même pas au niveau le plus bas. Et ceux qui ne pensent qu'à se remplir la panse, à dormir et à mener une vie dolente, peut-on les appeler adeptes de la Robe Noire ? Ce sont vraiment, comme le disait un vieux maître, de simples porte-manteaux ou des sacs à riz. Étant donné que ce ne sont pas des moines, il ne faudrait pas les autoriser à se dire mes disciples ni à pénétrer dans le monastère ni dans les autres sanctuaires ; même un séjour temporaire leur sera interdit, sans parler de leur demande d'inscription pour le noviciat. Un

---

4. Muso Daishi est le titre honorifique posthume donné par l'Empereur à Kwanzan Kokushi, fondateur du monastère Myoshinji de Kyoto ; ce monastère est l'un des plus importants centres Zen du Japon. Tous les maîtres zen actuels du Japon sont les descendants de Muso Daishi. Certains ont émis des doutes sur l'authenticité de la paternité de Kwanzan concernant cette Exhortation sous le prétexte que son contenu ressemble trop à un discours de grand-mère !

vieil homme comme moi qui parle de la sorte pourra vous sembler manquer d'amour universel, mais le principal est de leur faire prendre conscience de leurs fautes afin que, en se réformant, il puissent alors devenir des éléments de développement dans les jardins des patriarches.

VI

« Chant de Méditation »

de Hakuin

Les êtres sensibles sont, à l'origine, tous des Bouddhas :
C'est comme la glace et l'eau,
Sans eau, il ne peut pas y avoir de glace ;
Sans êtres sensibles, où trouvons-nous les Bouddhas ?
Ignorant que la Vérité est toute proche,
Les gens la cherchent bien loin, — quel dommage !
Ils sont comme celui qui, au milieu de l'eau,
Crie de soif, suppliant qu'on lui apporte à boire ;
Ils sont comme le fils d'un homme riche
Qui se promène parmi les pauvres.
La raison pour laquelle nous transmigrons dans les six mondes
Vient de ce que nous sommes perdus dans l'obscurité de l'ignorance ;
Nous éloignant toujours davantage dans l'obscurité ;
Quand pourrons-nous nous libérer de la naissance et de la mort ?

Nous ne disposons pas de mots pour louer comme il conviendrait
La méditation que l'on pratique dans le Mahayana ;
De la pratique de la méditation, proviennent les vertus de perfection telles que la charité, la moralité etc.
Ainsi que l'invocation du nom du Bouddha, la confession, la discipline ascétique et bien d'autres bonnes actions méritoires ;

Même si l'on s'entraîne une seule fois à la méditation assise,
On verra le mauvais karma volatilisé ;
Nulle part on ne trouvera plus les chemins du mal,
Et l'on aura le Pays Pur à portée de main.
Avec un cœur plein de respect,
Il convient d'écouter cette Vérité, ne serait-ce qu'une fois,
Et de la louer, de l'adopter avec joie,
Et l'on recevra certainement des bénédictions infinies.

Car, ceux qui, ainsi retournés en eux-mêmes, témoignent de la vérité de la Nature Propre,
Et de la vérité que la Nature Propre est une non-Nature,
—
Ceux là auront vraiment dépassé le domaine de la sophistique.
Devant eux s'ouvrent les portes de l'unicité de la cause et de l'effet
Et se déploie le chemin de la non-dualité et de la non-trinité.
Demeurant dans le non-particulier qui repose dans le particulier,
Soit en allant soit en revenant, ils restent pour toujours immobiles ;
Ils saisissent la non-pensée qui se trouve dans les pensées,
Au milieu de tous leurs actes, ils entendent la voix de la vérité.
Comme le ciel du Samadhi sans liens est illimité !
Et combien transparant le parfait clair de lune de la quadruple Sagesse !
En ce moment même, que leur manque-t-il ?
La Vérité éternellement paisible se révèle à eux
Et cette terre est devenue le Pays de Lotus de Grande Pureté,
Et ce corps-ci est le corps du Bouddha.

Chapitre VI

STATUES ET TABLEAUX BOUDDHIQUES DANS UN MONASTÈRE ZEN

Les visiteurs d'un monastère Zen vont rencontrer diverses figures bouddhiques. Nous allons essayer de les décrire.

I

LE BOUDDHA

Chaque secte bouddhiste du Japon a son propre Honzo, c'est-à-dire l'objet principal de culte, « l'objet le plus honoré ». Le Jodo et le Shin ont, par exemple, Amida Nyorai ; le Shingon a Dainichi Nyorai, (Mahavairocana) ; la secte Nichiren et le Zen ont Shaka Nyorai (Sakyamuni). Mais cette tradition n'est pas observée uniformément par toutes les sectes zen et une grande latitude est laissée au fondateur de chaque temple ou de chaque monastère.

Le Bouddha Sakyamuni est sans le moindre doute le seul bon choix qui convienne à toutes les institutions Zen car le Zen se propose de transmettre le cœur du Bouddha — la première des transmissions s'étant effectuée entre Sakyamuni et Mahakashyapa. Sakyamuni occupe donc la place d'honneur sur l'autel Zen. Mais nous y trouvons souvent la statue de Kwannon (Avalokitesvara) ou de Yakushi (Bhaishajyaguru) ou de Jizo (Maitreya) ou même d'une trinité comme Amida, Shaka et Miroku. Dans ce cas, Amida représente le Bouddha du passé, Shaka celui du présent et Miroku celui de l'avenir.

Lorsque le Honzo est Sakyamuni, il est parfois accompagné par une paire de Bodhisattvas et par une autre paire d'Arhats. Les Bodhisattvas sont Monju (Manjusri) et Fugen (Samantabhadra), les Arhats sont Kasho (Mahakashyapa) et Anan (Ananda). Sakyamuni ici est à la fois historique et en quelque sorte « métaphysique ». Entouré de ses deux plus grands disciples, il est figure historique. Mais Monju et Fugen symbolisant la sagesse et l'amour, deux attributs maîtres de la Réalité Suprême, Sakyamuni est alors Vairocana se tenant au-dessus du monde des transmigrations. Nous pouvons voir ici la philosophie de l'Avatamsaka (ou Gandavyuha) incorporée au Zen. En fait, notre vie religieuse présente un double aspect : l'expérience elle-même et la philosophie qui l'accompagne.

Dans le Bouddhisme, il y a donc la trinité historique de Sakyamuni, Kashyapa et Ananda et la trinité métaphysique de Vairocana, Manjusri et Samantabhadra. Ananda représente le savoir, l'intellect et la philosophie ; Kashyapa représente la vie, l'expérience et la réalisation ; Sakyamuni représente naturellement le corps unificateur où l'expérience et l'intellect trouvent le terrain d'une coopération harmonieuse. On oublie parfois que la religion a besoin de la philosophie et l'un des grands mérites du Bouddhisme est qu'il ne l'ignore jamais ; et, en quelque pays qu'il se propage, il vient aider le génie local de la nation où il s'adapte, pour développer sa philosophie en procurant une base intellectuelle solide à ses croyances propres déjà existantes.

Il n'y a peut-être que dans les monastères Zen que l'on célèbre la naissance, l'Illumination et le Nirvana du Bouddha. Le Bouddhisme Mahayana est très attaché à l'interprétation idéaliste, métaphysique ou transcendantale des faits dits historiques de la vie du Bouddha et l'évolution de l'idéal du bodhisattva a naturellement renvoyé les personnages historiques à l'arrière-plan. C'est ainsi que Vairocana ou Amitabha en sont arrivés à prendre la place du Bouddha Sakyamuni et qu'une armée de Bodhisattvas ont complètement remplacé les Arhats.

STATUES ET TABLEAUX BOUDDHIQUES

Néanmoins, le Zen n'a pas oublié le côté historique de la vie du Bouddha. Bien qu'apparemment le Zen n'ait rien à voir avec les affaires du monde, le fait qu'il ait fait sa croissance en Chine où l'histoire joue un rôle important dans la vie culturelle, le ramène sur terre. C'est pour cela qu'il célèbre comme il convient les trois événements les plus significatifs dans le développement du Bouddhisme : la naissance du Bouddha, son Illumination et son entrée dans le Nirvana[1] ; à ces dates, se déroulent chaque année et dans chaque monastère Zen d'importance, au Japon, de nombreux et minutieux rituels.

La naissance du Bouddha est représentée par les adeptes du Zen en un contraste total avec celle du Christ. Le Bouddha nouveau-né se tient debout, la main droite levée vers le ciel, la main gauche dirigée vers la terre et il s'écrie : « Par dessus les cieux, sous les cieux, je suis le Très Honoré ! » Sa voix parvient aux extrémités ultimes du chiliocosme et tous les êtres vivants (pour le Bouddhisme, la matière elle-même est vivante) partagent la joie de la naissance du Bouddha car ils réalisent que, eux aussi, sont destinés à devenir des Bouddhas.

Le huit avril de chaque année, le Bouddha nouveau-né, debout dans une bassine de bronze, est sorti du sanctuaire et on célèbre la cérémonie du baptême avec du thé doux fait de feuilles de légumes ; le thé est ensuite donné aux enfants. Depuis quelques temps, cette célébration a pris une grande ampleur dans les plus grandes villes du Japon, non seulement chez les adeptes du Zen mais chez tous les Bouddhistes, y compris les moines, les prêtres, les laïques hommes et femmes et les enfants.

Sakyamuni, le Tout Illuminé, est assis sur un trône de lotus installé dans le hall principal du monastère Zen. Il est généralement en posture de méditation.

La scène du Nirvana est généralement représentée picturalement, sauf peut-être celle de la Salle du Nirvana de Myoshinji, à Kyoto, qui est une plaque de bronze. La représentation la plus connue du Nirvana est celle de Chodensu, à Tofukuji, longue d'environ seize mètres.

---

1. Respectivement : 8 avril, 8 décembre et 15 février.

II

Les Bodhisattvas

Quand Sakyamuni n'est pas présent dans le Hall Principal, on trouve à sa place l'un des bodhisattvas suivants : Monju (Manjusri), Fugen (Samantabhadra), Kwannon (Avalokitesvara), Yakushi (Bhaishajyaguru), Miroku (Maitreya), Jizo (Kshitigarbha) et quelquefois Kokuzo (Akasagarbha).

Monju et Fugen sont généralement ensemble car ce sont les bodhisattvas principaux du système Avatamsaka (Kegon). Monju tient lieu de Prajna. A cheval sur un lion, il tient une épée destinée à trancher les nœuds intellectuels et affectifs pour permettre à la lumière de la transcendante Prajna de se manifester. Fugen, lui, est sur un éléphant et représente l'amour, Karuna. Karuna diffère de Prajna en ce que cette dernière indique l'annihilation et l'identité alors que Karuna indique la construction et la multiplicité. L'une est intellectuelle, l'autre affective ; l'une unifie, l'autre diversifie. Les dix vœux de Fugen sont bien connus des étudiants du Kegon.

Kwannon est exclusivement le Bodhisattva de Compassion. Dans ce sens, il ressemble à Fugen. Un chapitre spécial lui est réservé dans le Hokkekyo (Sadharma-pundarika) et également dans le Ryogonkyo (Surangama). C'est l'un de Bosatsus ou Bodhisattvas les plus populaires du Bouddhisme Mahayana. Si l'on veut prendre connaissance d'une traduction française du Kwannongyo d'après le texte chinois de Kumarajiva, que l'on se reporte au troisième chapitre du présent ouvrage.

Yakushi est le Bodhisattva médecin. Il tient une fiole et est accompagné de douze divinités représentant ses douze vœux. L'objet principal de sa venue parmi nous est de nous guérir de l'ignorance, le plus fondamental de tous les maux incarnés dans notre chair.

Jizo est avant tout, de nos jours, le protecteur des enfants mais ses vœux originaux étaient de nous éviter d'errer sur les six chemins de l'existence. Il se divise ainsi en six formes, une pour chacun de ces chemins dont elles sont les gardiennes. D'où les six Jizo que nous trouvons souvent sur le bord des routes. On le représente généralement dans sa robe de prêtre, le crâne rasé et portant à la main une longue canne.

A la période Kamakura et à la période Ashikaga, il était un objet de culte populaire et à Kamakura, nous pouvons trouver de jolies sculptures de ce Bodhisattva.

Miroku est le Bouddha futur ; pour le moment, il demeure dans le ciel Tushita en attendant le moment de descendre parmi nous. Lui aussi est essentiellement un bodhisattva de compassion comme son nom l'indique. Il est tantôt appelé Bouddha, tantôt Bodhisattva. Bien qu'on l'imagine situé dans l'un des cieux bouddhiques, on le rencontre fréquemment sur terre.

III

Les Arhats

Les Arhats, généralement au nombre de seize, sont placés sur la seconde galerie de la tour d'entrée. Ils sont tous inscrits comme habitant des montagnes éloignées et sont chacun le chef d'une nombreuse suite d'adeptes. Leur apparence, en contraste avec celle des bodhisattvas, est présentée sous un aspect superficiellement grotesque et asymétrique. Ils accomplissent des miracles et apprivoisent les bêtes sauvages. Ces caractères semblent avoir excité l'intérêt des moines-artistes zen qui les ont pris comme objets favoris de leur imagination artistique.

Dans un grand monastère Zen, les cinq cents Arhats ont une place spéciale.

Bhadrapala est l'un des seize Arhats. Il eut son satori en prenant un bain. Il est maintenant exposé dans une niche de la salle des bains attachée à la salle de méditation. Quand les moines prennent leur bain, ils présentent leurs respects à sa statue[2]. Le tableau ci-dessous appartient à Engakuji, à Kamakura et est un des trésors nationaux du Japon.

---

2. The Training of the Zen Monk, p. 40.

IV

Les Dieux Protecteurs

Parmi les nombreuses divinités protectrices du Bouddhisme, celles que nous présentons peuvent être comptées parmi celles qui appartiennent plus ou moins exclusivement au Zen et elles ont chacune leur domaine spécial où elles accomplissent leurs nombreux devoirs officiels pour le Bouddhisme.

De chaque côté de la porte d'entrée, sont placés les Niwo, « les deux rois gardiens ». Ils représentent le dieu Vajra sous deux formes ; l'une est une forme masculine, la bouche hermétiquement close ; l'autre est une forme féminine, avec la bouche ouverte. Ils gardent l'endroit saint des intrus.

Les Shitenno ou les quatre dieux gardiens sont placés dans la salle du Bouddha aux quatre coins de l'autel. Le plus connu d'entre eux est Tamonten (Vaisravana), le gardien du nord. Cela provient sans doute du fait qu'il est le dieu de l'étude et également de la richesse.

Il est plus difficile de savoir pourquoi Benzaiten (Sarasvati), déesse du Fleuve, a sa place dans un monastère Zen. On dit parfois que Benzaiten n'est pas Sarasvati mais Sridevi. Quoi qu'il en soit, on trouve souvent une figure féminine au milieu de l'entourage d'un saint prêtre ; plus tard, elle apparait dans ses rêves pour lui dire qu'elle était autrefois une ennemie du Bouddhisme et qu'elle est maintenant illuminée et sera désormais au nombre de ses protecteurs, etc. En tout cas, même dans un monastère zen où le plus rigoureux ascétisme semblerait devoir être constamment appliqué, il y a place pour une déesse.

Idaten est le dieu de la cuisine qui veille sur l'approvisionnement de la communauté des moines. Son nom sanskrit semble avoir été Skanda et non Veda comme on a pu le penser en partant des mots i-da ou wei-t'o. Il est un des huit généraux attachés à Virudhaka, le dieu gardien du quartier sud. C'est un grand coureur et dès qu'il y a une difficulté, il arrive immédiatement. Dans les monastères chinois, il occupe un siège important dans la salle des quatre dieux gardiens. Mais dans les monastères japonais, il est confiné dans un petit coin près du réfectoire des moines[3].

Ususama Myowo est le dieu des toilettes. En sanskrit, Ucchushma signifie « sécher, rôtir » c'est-à-dire nettoyer la saleté en la brûlant par le feu, car le feu est un grand agent de purification. Myowo est Vidyaraja, classe spéciale de dieux qui ont un aspect courroucé[4].

Sambo Kojin semble être un dieu japonais de la montagne sous la forme de dieu indien. On le trouve à l'extérieur des bâtiments du temple. Comme les monastères sont généralement situés dans la montagne, ce dieu est censé veiller sur les lieux et on l'invite à résider sur le terrain où il sera, pour la communauté monastique, un protecteur efficace contre l'influence néfaste des mauvais esprits.

Daikokuten dont le prototype indien est quelquefois considéré avoir été Mahakala, est maintenant un dieu purement japonais. Sur son épaule, il porte un grand sac et il se tient debout sur des ballots de riz. Bien que suspecté avoir une origine phallique, rien ne permet, d'après son apparence, de l'affirmer. C'est un dieu de richesse matérielle et, comme Idaten, il veille sur le bien-être physique de la communauté. Dans un monastère zen, il n'est pas l'objet d'un respect excessif.

Partout où la Prajnaparamita est prêchée, copiée ou chantée, les seize « dieux bons » sont présents pour garder les esprits fervents contre les dangers de perturbation ennemie toujours possibles. Comme le Zen est lié à la philosophie Prajna, ces dieux sont donc également les dieux du Zen. Le tableau représente ici plus que seize personnages. Parmi les quatre figures de trop qui se tiennent au premier plan, les deux du côté gauche sont le Bosatsu Jotai (Sadaprarudita) et Jinsha Daio tandis que les deux figures de droite sont Hsuan-Chuang portant une sorte de valise sur son dos, et le Bostasu Hoyu (Dharmodgata). Jotai et Hoyu sont les principaux personnages de la Prajnaparamita comme je l'indique dans le second tome de mes Essais sur le Bouddhisme Zen. Hsuan-Chuang est le tra-

---

3. *Id.* p. 106.
4. *Ibid.* p. 44.

ducteur du soutra de la Mahaprajnaparamita en six cents fascicules et également le traducteur des commentaires de Nagarjuna sur ce soutra, en cent fascicules. Alors qu'il traversait le désert, il fut accosté par Jinsha, le dieu du désert, responsable des voyages malheureux, tentés continuellement par des pèlerins chinois dévots désirant se rendre en Inde, ceci avant Hsuan-Chuang. Le dieu portait autour du cou six crânes de ses récentes victimes. Mais, en entendant la Prajnaparamita chantée par Hsuan-Chuang, il fut converti et devint le plus fidèle protecteur du texte saint. C'est pourquoi, il est représenté ici.

V

FIGURES HISTORIQUES

A côté de ces personnages mythiques, les monastères Zen abritent d'autres figures historiques profondément liées non seulement au Zen mais aussi au Bouddhisme en général. Bodhidharma, en tant que fondateur du Bouddhisme Zen, occupe bien entendu une place d'honneur à côté du Bouddha Sakyamuni. Cependant, le fondateur d'un temple est honoré de façon plus marquée par les disciples zen japonais et dans chacune des institutions principales du Zen au Japon, une salle spéciale lui est dédiée avec une lampe à huile brûlant jour et nuit. Bodhidharma a un aspect bien particulier et on peut l'identifier facilement partout où on le rencontre. Il est un des modèles favoris pour les maîtres zen qui se mettent à la peinture. Kwannon est sans doute aussi un modèle très prisé.

Fudaishi (Fu Ta-shih), appelé également Zenne Daishi (Shan-hui) 493-564, était contemporain de Bodhidharma. Bien qu'il n'appartienne pas à la ligne orthodoxe de la transmission Zen, sa vie et ses sermons sont conservés dans la Transmission de la Lampe (Ch'uan-teng Lu)[5] : ils sont pleins de la saveur du Zen. Sa fameuse gatha est bien connue des étudiants du Zen[6]. La tradition en fait l'inventeur de ce qu'on

---

5. Fascicule XXVII.
6. Introduction to Zen Buddhism p. 58.

appelle Rinzo (luntsang), ensemble de rayonnages tournants où l'on place le Tripitaka Chinois. C'est pourquoi, avec ses deux fils, il figure dans la librairie bouddhiste comme une sorte de dieu de la littérature.

Les monastères Zen hébergent de nombreux personnages excentriques dont les plus fameux sont Kanzan (Han-shan) et Jittoku (Shih-te), d'origine chinoise[7]. Ce sont des poètes-ascètes vagabonds. Il y a également Hotei (Pu-tai)[8] Ce Hotei joue, dans le Bouddhisme Japonais un rôle tout à fait différent de celui qu'il a en Chine. J'en ai parlé dans un article intitulé « Impressions sur le Bouddhisme Chinois », dans la revue Eastern Buddhist (VI, 4).

Shotoku Taishi (574-622) fut réellement l'un des personnages les plus remarquables de l'histoire culturelle au Japon, et il n'est pas surprenant de voir que tous les Bouddhistes japonais rendent un hommage particulier à sa mémoire et que sa statue soit, elle aussi, placée dans les monastères. C'est une légende qui court au Japon au sujet de Bodhidharma, dans laquelle il est dit que celui-ci, après avoir fini son travail en Chine, se rendit au Japon où il vécut sous la forme d'un misérable mendiant à Kataoka Yama, près de Nara. Shotoku Taishi l'aurait rencontré à cet endroit et on raconte qu'ils auraient échangé des poèmes.

---

7. Essais sur le Bouddhisme Zen, Tome III, Planches XIV et XV avec les explications.
8. *Ibid.* Planches X et XVI, voir aussi deuxième tome.

Table des Matières

Avant-Propos 7
Préface de la première Édition 9
Chapitre   I. Gathas et prières.................. 11
Chapitre II. Les Dharanis 19
Chapitre III. Les Soutras 25
Chapitre IV. Maîtres Zen chinois 73
Chapitre V. Maîtres Zen japonais 153
Chapitre VI. Statues et tableaux bouddhiques dans un monastère Zen 163

Achevé d'imprimer par Corlet, Imprimeur, S.A.
14110 Condé-sur-Noireau (France)
N° d'Imprimeur : 230 - Précédent dépôt : 2ᵉ trimestre 1981 - Dépôt légal : février 1991
Imprimé en C.E.E.